Mengikuti Jejaknya — Tantangan WWJD 40 Hari:

Hidup Seperti Yesus dalam Kisah Nyata di Seluruh Dunia

Oleh

Zacharias Godseagle, Penghibur Ladi Ogbe, Duta Besar Monday Ogbe

Halaman hak cipta

Mengikuti Jejaknya — Tantangan WWJD 40 Hari:
Hidup Seperti Yesus dalam Kisah Nyata di Seluruh Dunia

Diterbitkan oleh
Zacharias Dewa Laut
dalam kemitraan dengan
Pelayanan Elang Tuhan (GEMs)
Situs web: www.otakada.org
Surel: info@otakada.org

Desain Sampul oleh: Tim internal GEM
Pemformatan Interior: [Masukkan nama jika berlaku]
Dicetak di Amerika Serikat
Edisi Pertama: 2025

Buku ini merupakan karya cerita dan pengajaran yang bersifat renungan. Tokoh-tokoh dalam cerita modern tersebut bersifat fiksi atau terinspirasi oleh peristiwa nyata, diceritakan kembali dengan nama, lokasi, atau keadaan yang disesuaikan untuk kejelasan, privasi, atau penekanan.

Deskripsi Buku - Dalam Jejak-jejak-Nya — Tantangan WWJD 40 Hari: Hidup Seperti Yesus dalam Kisah-kisah Nyata di Seluruh Dunia

Apa yang akan Yesus lakukan… jika Dia ada di posisi Anda?

Dalam dunia yang terbagi oleh budaya, politik, penderitaan, dan tekanan, renungan global 40 hari ini menantang Anda untuk menjalani jawabannya — kisah demi kisah, tantangan demi tantangan.

Berdasarkan pertanyaan abadi dari *In His Steps* oleh Charles Sheldon, renungan kontemporer ini membawa pesan WWJD ke zaman modern — dengan kisah-kisah dari lebih dari 25 negara, yang menampilkan kaum muda, keluarga, pekerja kreatif, pemimpin bisnis, pengungsi, kelompok penyembahan, aktivis, dan banyak lagi.

Setiap hari termasuk:

- Sebuah cerita masa kini yang menarik (1000+ kata)
- Renungan Kitab Suci
- Afirmasi dan komitmen
- Rencana aksi
- Doa
- Prompt jurnal
- Panduan diskusi kelompok

Apakah Anda seorang individu, kelompok kecil, gereja, atau keluarga, renungan ini adalah undangan bagi Anda untuk menukar kenyamanan dengan keberanian dan teori dengan transformasi.

Kisah nyata. Pertanyaan yang mendalam. Sebuah langkah radikal.
Gerakan ini dimulai dari **Anda** . Apakah Anda akan mengambil langkah tersebut?

Deskripsi Sampul Buku Saku Global

Renungan 40 hari yang mendunia dan kaya akan kisah yang menantang Anda untuk hidup seperti Yesus — dengan refleksi, doa, dan langkah-langkah tindakan yang kuat.
Dari kota-kota di Asia hingga desa-desa di Afrika, dan ruang rapat hingga kamar tidur, temukan apa artinya sebenarnya berjalan mengikuti jejak-Nya.

Tentang Buku

Mengikuti Jejak-Nya — Tantangan WWJD 40 Hari: Hidup Seperti Yesus dalam Kisah Nyata di Seluruh Dunia

Seperti apakah kehidupan Anda jika, selama 40 hari ke depan, Anda berhenti sejenak sebelum mengambil setiap keputusan dan bertanya: **"Apa yang Akan Yesus Lakukan?"** Bagaimana pilihan-pilihan Anda akan berubah? Hubungan-hubungan Anda? Bisnis Anda, iman Anda, keberanian Anda?

In His Steps — Tantangan WWJD 40 Hari: Hidup Seperti Yesus dalam Kisah Nyata di Seluruh Dunia lebih dari sekadar renungan. Buku ini adalah perjalanan transformasi pribadi. Terinspirasi oleh pesan abadi dari buku klasik Charles Sheldon, *In His Steps* , buku ini membawa pertanyaan "WWJD" ke dunia nyata saat ini — dengan kisah-kisah modern, mencekam, dan penuh emosi yang diambil dari:

- Ruang rapat dan meja keluarga
- Lorong sekolah dan bangku gereja
- Rumah-rumah yang hancur dan panggung-panggung yang menjulang
- Kegagalan pribadi dan persidangan publik

Masing-masing dari 40 hari tersebut memiliki fitur:

- Sebuah **kisah motivasi dan penebusan dosa** (bertema bisnis, keluarga, pemuda, atau gereja)
- **Refleksi Kitab Suci** menggunakan terjemahan NLT atau AMP

- Tantangan **WWJD** yang menerapkan contoh Yesus pada pilihan di dunia nyata
- **Afirmasi** yang kuat dan **komitmen pribadi**
- **Rencana tindakan** praktis yang dapat Anda jalani hari ini
- **Doa** sepenuh hati untuk terhubung dengan Tuhan
- **Bagian jurnal** terpandu untuk refleksi yang lebih mendalam
- **Pertanyaan diskusi** siap kelompok untuk gereja, kelompok pemuda, dan keluarga

Ini bukan hanya tentang membaca — ini tentang **merespons**
.
Bukan hanya inspirasi — tetapi **aktivasi** .

Apakah Anda seorang CEO, seorang remaja, orang tua tunggal, atau seorang pemimpin gereja, **perjalanan ini akan menantang Anda untuk hidup dengan ketaatan yang berani dan seperti Kristus — satu hari, satu langkah pada satu waktu.**

Siapkah Anda mengikuti jejaknya?

Table of Contents

Tentang Penulis

Zacharias Godseagle , Comfort Ladi Ogbe, dan Ambassador Monday Ogbe, adalah pendeta dan pembimbing rohani global yang bersemangat yang berkomitmen untuk memperlengkapi orang percaya agar dapat menjalani kasih dan kuasa Yesus dalam kehidupan sehari-hari. Melalui *God's Eagle Ministries* dan platform mereka www.otakada.org dan www.wealthbeyondworryseries.com , mereka menjangkau negara-negara dengan sumber daya berbasis agama yang menggabungkan Kitab Suci, kisah, dan strategi untuk transformasi.

Mengikuti Jejak-Nya — Tantangan WWJD 40 Hari: Hidup Seperti Yesus dalam Kisah Nyata di Seluruh Dunia adalah bagian dari misi mereka yang terus berkembang untuk membangkitkan umat beriman di seluruh dunia menuju ketaatan radikal dan kehidupan seperti Kristus dalam setiap lingkup pengaruh.

Pesan untuk Anda — Pembaca

Sahabat yang terhormat,

Anda memegang lebih dari sekedar buku renungan — ini adalah **tantangan** , **panggilan** , dan **perjalanan transformasi** .

Selama 40 hari ke depan, Anda diundang untuk **berhenti sejenak sebelum mengambil setiap keputusan** — besar atau kecil — dan mengajukan pertanyaan yang mengubah hidup:
"Apa yang Akan Yesus Lakukan?"

Pertanyaan ini bukan klise. Ini adalah kompas. Ini mengarahkan Anda ke kehidupan yang Yesus akan jalani **jika Dia berada di posisi Anda saat ini** — dengan pekerjaan Anda, keluarga Anda, latar belakang Anda, pengaruh Anda.

Di dalam halaman-halaman ini terdapat kisah-kisah yang terinspirasi oleh perjuangan nyata — tekanan finansial, kompromi dengan teman sebaya, apatisme spiritual, penderitaan dalam rumah tangga, dan banyak lagi. Namun, melalui setiap kisah, satu kebenaran bergema:
Jalan Yesus tidaklah mudah — tetapi itu sepadan.

Apakah Anda berusia 17 atau 70 tahun, seorang CEO atau pelajar, orang tua atau pendeta — **perjalanan ini ditujukan untuk Anda** . Jangan hanya membacanya. **Jalani saja.**

Biarkan pertanyaan ini mengubah Anda:
Apa yang akan Yesus lakukan... jika Dia jadi Anda?

Kasih karunia dan kekuatan,
Zacharias Godseagle, Comfort Ladi Ogbe, & Duta Besar Monday

Cara Menggunakan Renungan Ini (Format Individu)

Untuk mendapatkan hasil maksimal dari Tantangan WWJD 40 Hari ini:

1. **Tetapkan waktu dan ruang setiap hari** untuk diam dan tidak terganggu — pagi-pagi sekali atau sore hari adalah waktu terbaik.
2. **Bacalah ceritanya perlahan-lahan.** Bayangkan diri Anda ada di dalamnya. Rasakan ketegangannya. Tanyakan, *apa yang akan saya lakukan?*
3. **Libatkan setiap bagian sepenuhnya** — baca Kitab Suci, ucapkan afirmasi dengan lantang, tulis di jurnal, berdoa dari hati.
4. **Ambil tindakan** — Jalani tantangan harian dengan cara yang nyata dan nyata.
5. **Ulangi setiap hari.** Pertumbuhan ditemukan dalam konsistensi, bukan kesempurnaan.

TIPS: Catatlah atau tandai wawasan utama. Anda pasti ingin kembali lagi ke sana.

Cara Menggunakan Renungan Ini sebagai Alat Kelompok, Gereja, atau Kepemimpinan

Renungan ini ditujukan untuk **kelompok kecil, gereja, kelompok pemuda, tim kepemimpinan, dan keluarga.** Berikut caranya:

Format Mingguan (Disarankan)

- Meliputi **5–6 renungan per minggu** , kemudian berkumpul setiap minggu untuk membahasnya.
- Gunakan **Pertanyaan Studi Kelompok** di akhir setiap hari untuk memandu percakapan.

Alur Diskusi

1. **Buka dengan doa.**
2. Baca atau rangkum renungan minggu ini.
3. Renungkan 1–2 cerita yang paling berkesan.
4. Jawablah pertanyaan diskusi bersama-sama.
5. Undang kesaksian WWJD di kehidupan nyata dari anggota grup.
6. Tutup dengan doa dan komitmen untuk minggu berikutnya.

Tips Pemimpin

- Ciptakan ruang yang aman dan bebas penghakiman untuk berbagi yang jujur.
- Biarkan keheningan melakukan pekerjaan berat — jangan terburu-buru dalam perenungan mendalam.
- Selalu akhiri dengan **doa** dan **tindakan nyata.**

Rencana Bagian Pendahuluan

1. **Tentang Buku** *(lengkap — sudah dibagikan di atas)*
2. **Pesan untuk Pembaca** *(panggilan motivasi untuk bertindak)*
3. **Cara Menggunakan Renungan Ini (Secara Individual)**
4. **Cara Menggunakan Renungan Harian Ini (Untuk Penggunaan Kelompok, Gereja, Keluarga, atau Kepemimpinan)**
5. **Halaman Komitmen Perjanjian WWJD** *(untuk individu/kelompok untuk ditandatangani sebelum memulai Hari 1)*

Halaman Perjanjian WWJD (Opsional tapi Berpengaruh)

PERJANJIAN TANTANGAN WWJD

Selama 40 hari ke depan, saya memilih untuk bertanya dan bertindak atas satu pertanyaan yang mengubah hidup:
"Apa yang Akan Yesus Lakukan?"

Saya berkomitmen untuk:

- Bacaan dan refleksi harian
- Ketaatan yang berani dan seperti Kristus
- Mendengarkan Roh Kudus
- Membiarkan Yesus membentuk pikiran, perkataan, dan tindakan saya

Saya menerima tantangan ini bukan karena kewajiban, tetapi karena **cinta, rasa lapar, dan keinginan untuk berjalan mengikuti jejak-Nya** .

Ditandatangani: ______________________

Tanggal: ______________________

(Pemimpin juga dapat mengundang kelompoknya untuk menandatangani ini bersama-sama.)

Dedikasi

Kepada setiap jiwa yang bergumul dalam keheningan.
Kepada setiap hati yang berbisik, "*Aku ingin melakukan apa yang benar, tetapi aku tidak tahu caranya.*"
Kepada para ayah, ibu, putra, putri, pemimpin, dan pelajar...yang berani bertanya,
"Apa yang akan Yesus lakukan — jika Dia berada di posisiku?"

Ini untuk Anda.
Semoga 40 hari ini membangkitkan keberanian, keyakinan, dan tindakan seperti Kristus dalam diri Anda.

Kami persembahkan karya ini kepada Tuhan dan Juru Selamat kami, **Yesus Kristus** ,
yang jejak langkah-Nya kami ikuti — tidak sempurna tetapi dengan sepenuh hati.

Pengakuan

Kami mengakui dengan rasa terima kasih yang mendalam:

- **Charles M. Sheldon** , yang pertanyaan abadinya "Apa yang Akan Yesus Lakukan?" terus menantang generasi demi generasi.
- Para mentor, anggota keluarga, dan pemimpin rohani yang mengajari kita untuk mendengarkan bisikan Yesus dalam keputusan sehari-hari.
- Banyak orang percaya anonim yang menjalani iman mereka setiap hari — bukan untuk tepuk tangan, tetapi untuk ketaatan.

Kepada keluarga kami dan mitra pelayanan di **God's Eagle Ministries (GEM)** — iman, dorongan, dan pengorbanan kalian membuat pekerjaan ini menjadi mungkin.

Terutama kepada **Roh Kudus** , yang meyakinkan, menasihati, dan menghibur kami dalam perjalanan ini — ini adalah pekerjaan-Mu melalui tangan kami.

Kata Pengantar/Pendahuluan

Di tengah hiruk pikuk dunia slogan-slogan swadaya, solusi cepat, dan spiritualitas dangkal, kita mendambakan sesuatu yang lebih dalam — sesuatu yang akan **menembus kebisingan** dan memanggil kita kembali ke inti kehidupan Kristen:
Mengikuti Yesus. Sungguh-sungguh. Setiap hari. Sepenuhnya.

Buku ini lahir dari rasa lapar itu.

Kami tergugah oleh *In His Steps karya Charles Sheldon* — bukan hanya pesannya, tetapi juga dampaknya. Namun kami tahu bahwa dunia saat ini membutuhkan bahasa, cerita, dan perjuangan masa kini.

Jadi, kami bertanya:
Bagaimana jika seseorang menceritakan kisah modern tentang orang-orang yang mencoba — benar-benar mencoba — untuk mengikuti jejak Yesus?

Perjalanan 40 hari ini adalah jawaban kami.

Anda akan menemukan diri Anda di halaman-halaman ini — sebagai orangtua, pemimpin, pemuda, bos, orang beriman. Dan melalui setiap cerita, Anda akan diundang untuk bertanya, seperti yang kami lakukan:

"Apa yang Akan Yesus Lakukan — di sini, saat ini?"

Kami tidak menulis ini untuk membuat Anda terkesan. Kami menulisnya untuk *mengubah* Anda — sama seperti ia telah mengubah kami.

Itu adalah pertanyaan yang pertama kali dikhotbahkan di sebuah gereja di kota kecil lebih dari 100 tahun yang lalu. Pertanyaan itu tidak rumit. Pertanyaan itu tidak teologis. Pertanyaan itu bersifat pribadi. Pertanyaan itu menusuk. Pertanyaan itu revolusioner:

"Apa yang Akan Yesus Lakukan?"

Pertanyaan itu tersebar di berbagai kota, negara, dan generasi. Namun, pertanyaan itu tidak pernah lebih relevan daripada saat ini.

Mengapa? Karena dunia sedang memperhatikan. Bukan untuk orang Kristen yang sempurna, tetapi untuk **para pengikut sejati** Yesus yang hidup, mengasihi, berbicara, dan bertindak seperti Dia — dalam situasi nyata, bukan hanya dalam lingkungan keagamaan.

Buku ini adalah undangan Anda untuk bergabung dengan gerakan itu — bukan hanya dengan mengenakan gelang WWJD, tetapi dengan **menjalani WWJD setiap hari** :

- Di pertemuan bisnis dan meja dapur
- Di media sosial dan di kafetaria sekolah
- Dalam pernikahan, pelayanan, uang, dan saat-saat pengambilan keputusan yang tenang

Setiap hari dalam renungan ini dirancang untuk membantu Anda melakukan satu hal:
Berjalan lebih seperti Yesus — dalam kehidupan nyata Anda.

Jadi mari kita mulai.
Bukan dengan bertanya, "Apa yang akan dipikirkan orang lain?"
Bahkan bukan dengan bertanya, "Apa yang saya rasakan?"

Tetapi dengan bertanya, dan menjawab:
"Apa yang Akan Yesus Lakukan?"

Hari 1 – Tawaran Pekerjaan yang Menguji Iman

Kisah Bisnis: "Godaan Michael"

Fokus Kitab Suci

"Percayalah kepada Tuhan dan andalkanlah dengan segenap hatimu. Jangan bersandar kepada pengertianmu sendiri."
— Amsal 3:5 (AMP)

Ceritanya

Michael selalu percaya pada melakukan hal yang benar. Seorang pria pendiam dan setia di usia akhir 30-an, ia menjabat sebagai usher di gereja setempat di Abuja dan memimpin persekutuan pria sebulan sekali. Namun selama sebelas bulan terakhir, melakukan hal yang benar tidak membuahkan hasil.

Setelah diberhentikan dari pekerjaannya sebagai petugas pengadaan, Michael telah menghabiskan tabungannya. Istrinya, Faith, seorang guru sekolah, telah mulai menjahit untuk membantu, tetapi itu tidak cukup. Ketiga anak mereka telah berhenti bersekolah di sekolah swasta mereka. Sewa rumah telah jatuh tempo. Teman-teman gereja membantu semampu mereka, tetapi jelas: Michael membutuhkan pekerjaan — cepat.

Lalu datanglah panggilan itu.

Sebuah perusahaan konstruksi internasional ingin berekspansi ke Afrika Barat. Mereka membutuhkan seseorang yang lokal, terpelajar, dan bijaksana. Suara perekrut terdengar lembut: "Anda akan menjadi orang yang bertanggung jawab atas perizinan dan persetujuan. Anda tahu medannya . Gajinya tiga kali lipat dari gaji terakhir Anda. Kami akan memberi Anda mobil, tunjangan perumahan, dan tunjangan kesehatan. Anda akan mulai bekerja minggu depan."

Jantung Michael berdebar kencang. Inilah saatnya! Tuhan akhirnya mengingatnya.

Sampai dia membaca cetakan kecilnya.

Uraian tugasnya mensyaratkan "manajemen klien", "fasilitasi tidak resmi", dan "persetujuan yang dipercepat". Terjemahannya? Dia diharapkan untuk menawarkan suap dan memanipulasi dokumen — dengan terampil.

Dia menelepon perekrut itu kembali. "Ada korupsi yang terlibat?"

Pria itu tertawa. "Kami tidak memintamu untuk mencuri, Michael. Hanya... memperlancar segalanya. Kau akan baik-baik saja. Semua orang melakukannya."

Malam itu, Michael tidak bisa tidur. Ia menatap langit-langit sementara Faith berdoa di sampingnya.

"Ya Tuhan," bisiknya. "Ini bisa mengubah segalanya. Tapi apakah ini yang Kauinginkan?"

Ia membuka buku renungannya dan di halamannya tertulis: *"Akuilah Dia dalam segala jalanmu, maka Ia akan meluruskan jalanmu."*

Dia tahu apa yang akan Yesus lakukan.
Dia tahu apa yang harus dibayarnya.

Keesokan paginya, dia menolak tawaran tersebut. "Saya tidak bisa menerima pekerjaan itu," katanya kepada perekrut. "Saya tidak bisa berkompromi."

"Kau akan menyesalinya," bentak pria itu. "Menurutmu, apakah integritas bisa membeli bahan makanan?"

Michael menutup telepon, gemetar — tetapi tenang.

Dua minggu kemudian, seorang teman lama di universitas menelepon. Sebuah lembaga nirlaba meluncurkan inisiatif pembangunan berkelanjutan dan membutuhkan seorang koordinator proyek. Gajinya hanya setengah dari jumlah yang dibutuhkan — tetapi bersih, bermakna, dan sejalan dengan nilai-nilainya.

Michael mengambil pekerjaan itu.

Setahun kemudian, ia dipromosikan menjadi direktur regional. Meskipun ia tidak pernah memperoleh penghasilan sebanyak yang dijanjikan perusahaan konstruksi, ia memperoleh sesuatu yang jauh lebih berharga: kehormatan, tujuan, dan kedamaian.

Terkadang keputusan yang tepat tidak langsung membuahkan hasil. Namun, hasilnya akan selalu abadi.

Refleksi WWJD

Akankah Yesus menerima kesempatan yang memberikan kekayaan tetapi menuntut kompromi?

Afirmasi

"Saya percaya pada jalan Tuhan untuk saya — bahkan ketika jalan itu terlihat lebih lambat, lebih kecil, atau lebih sulit."

Deklarasi Komitmen

Hari ini, saya berkomitmen untuk memilih integritas daripada peluang — berapa pun biayanya.

Rencana Aksi

Tuliskan satu area di mana kompromi terasa menggoda — dan pilihlah jalan yang lebih sulit dan seperti Kristus hari ini.

Doa

Tuhan Yesus, bantulah aku untuk berjalan dalam integritas bahkan saat sulit. Ingatkan aku bahwa jalan-Mu lebih tinggi, waktu-Mu sempurna, dan persediaan-Mu selalu cukup. Kuatkan hatiku untuk berkata "Tidak" saat kompromi mengetuk, dan "Ya" saat kebenaran memanggil. Dalam nama Yesus, Amin.

Entri Jurnal

- Di bagian mana dalam hidup saya, saya merasakan tekanan untuk "hanya melakukan apa yang perlu dilakukan," meski hal itu terasa salah?
- Apa yang akan Yesus katakan kepada saya tentang tekanan ini?
- Pilihan apakah yang dapat saya buat hari ini yang selaras dengan teladan-Nya?

Studi Kelompok / Pertanyaan Diskusi

1. Dapatkah Anda mengingat saat ketika memperjuangkan integritas merugikan Anda? Apa hasilnya?
2. Mengapa kita sering percaya bahwa jalan pintas mendatangkan keamanan?
3. Bagaimana kisah Michael menantang definisi Anda tentang "penyediaan Tuhan"?

Hari ke-2 – Saat Keheningan Terasa Lebih Aman

Kisah Remaja: "Gadis yang Berani Berbicara"

Fokus Kitab Suci

"Berbicaralah untuk orang yang tidak dapat berbicara untuk dirinya sendiri;
berikanlah keadilan bagi mereka yang tertindas."
— Amsal 31:8 (NLT)

Ceritanya

Adaeze adalah seorang siswa SMA berusia 17 tahun di Lagos. Dikenal karena kebaikan hatinya dan pikirannya yang tajam, dia adalah tipe yang pendiam — tidak pemalu, hanya berhati-hati. Dia menjauhi drama dan perhatian. Mimpinya? Belajar hukum dan memperjuangkan mereka yang tidak bersuara.

Tetapi dia tidak menyangka ujiannya akan datang secepat ini.

Pada suatu Senin pagi, selama kelas pemerintahan, Tn. Adebayo — seorang guru yang dihormati karena kecerdasannya tetapi ditakuti karena emosinya — memperhatikan bahwa David, seorang siswa penyandang autisme, telah lupa membawa buku pelajarannya.

Lagi.

Sambil mendesah mengejek, sang guru melontarkan omelan kasar. "Apa yang salah denganmu? Kamu bodoh? Kamu sudah cukup dewasa untuk mengingat instruksi sederhana!"

Kelas menjadi hening. Beberapa siswa tertawa gugup. Sebagian besar tetap diam, menundukkan kepala, mengalihkan pandangan. Adaeze duduk membeku — tangannya terkepal di bawah meja.

Dia bisa merasakan rasa malu David menyebar seperti asap di ruangan itu. Kepalanya tertunduk. Matanya berkaca-kaca. Itu kejam. Tidak pantas. Dan salah.

Namun juga… lebih mudah untuk tidak melakukan apa pun.

"Jangan ikut campur," bisik sebuah suara di kepalanya. "Kau akan menjadi korban berikutnya. Nilai-nilaimu akan turun. Diamlah."

Namun suara lain muncul. Suara yang lebih kuat. Suara yang lebih berani.

Apa yang akan Yesus lakukan?

Akankah Dia duduk diam di ruangan yang penuh ketakutan?

Di akhir kelas, Adaeze tetap tinggal. Kakinya gemetar. Jantungnya berdebar kencang. Namun, dia berjalan mendekati Pak Adebayo dan berkata dengan lembut:

"Tuan… dengan hormat… menurut saya apa yang terjadi hari ini tidak adil. David pantas mendapatkan kebaikan. Tolong, Tuan. Kami semua menghormati Anda. Bisakah kami melakukan yang lebih baik lain kali?"

Guru itu berkedip—terkejut. Untuk beberapa saat, dia tidak mengatakan apa pun.

Lalu, pelan-pelan, dia mengangguk.

"Dicatat."

Keesokan paginya, Tn. Adebayo melakukan sesuatu yang tidak diduga siapa pun. Ia memanggil David ke depan kelas dan menyampaikan permintaan maaf di depan umum. "Kita semua membuat kesalahan," katanya. "Dan terkadang… kita semua perlu berkembang."

Sejak saat itu, David melangkah lebih tinggi. Adaeze tidak hanya dikagumi — ia menjadi pemimpin yang pendiam.

Dia belajar sesuatu yang hebat:
Terkadang suara Anda adalah satu-satunya yang Yesus miliki di ruangan itu.

Refleksi WWJD

Akankah Yesus tetap diam saat menghadapi ketidakadilan, ketakutan, atau penghinaan?

Afirmasi

"Saya adalah suara keberanian dan kasih sayang — Yesus berbicara melalui saya."

Deklarasi Komitmen

Hari ini, saya berkomitmen untuk membela apa yang benar — bahkan jika itu mengorbankan kenyamanan atau reputasi saya.

Rencana Aksi

Jangkau seseorang yang pernah diperlakukan buruk, diabaikan, atau dibungkam. Berikan mereka semangat — dan tawarkan diri untuk mendampingi mereka.

Doa

Tuhan Yesus, Engkau tidak pernah tinggal diam saat menghadapi ketidakadilan. Engkau menyentuh mereka yang tak tersentuh, membela mereka yang ditolak, dan mengasihi mereka yang terluka. Buatlah aku berani hari ini. Gunakan suaraku untuk menyampaikan kehidupan, kebenaran, dan kasih — bahkan saat aku takut. Amin.

Entri Jurnal

- Pernahkah saya diam saja ketika saya seharusnya berbicara? Apa yang menahan saya?
- Siapa di duniaku saat ini yang membutuhkan suara dorongan atau keadilan?
- Seperti apakah keberanian sejati dan seperti Kristus yang terlihat dalam lingkungan saya sehari-hari?

Studi Kelompok / Pertanyaan Diskusi

1. Mengapa diam begitu menggoda saat orang lain terluka?
2. Apa perbedaan antara keberanian dan kesombongan?
3. Bagaimana kelompok Anda dapat menjadi "ruang aman" di mana suara setiap orang penting?

Hari ke-3 – Ketika Kesombongan Menghalangi Jalan

Kisah Keluarga: "Suami yang Tidak Mau Meminta Maaf"

Fokus Kitab Suci

"Karena Allah telah memilih kamu untuk menjadi umat kudus yang dikasihi-Nya,
kenakanlah belas kasihan, kemurahan, kerendahan hati, kelemahlembutan dan kesabaran."
— Kolose 3:12 (NLT)

Ceritanya

Daniel telah menikah dengan Leah selama tiga belas tahun. Mereka tinggal di luar Atlanta, Georgia, dengan dua orang anak, seekor anjing golden retriever, dan beban ketegangan yang tak terucapkan di antara mereka. Dari luar, rumah mereka tampak sempurna — tetapi di balik senyuman dan sapaan saat kebaktian Minggu, keheningan perlahan menggantikan cinta.

Dimulai dengan perselisihan kecil. Kemudian muncul kritik. Harapan yang tidak terpenuhi. Kerja lembur. Telepon saat makan malam. Kesenjangan yang semakin besar di hati mereka.

Suatu malam, setelah percakapan dingin lainnya, Leah berdiri di dapur, air mata mengalir di pipinya. "Apakah kamu masih melihatku?" tanyanya.

Daniel, yang masih mengenakan kemeja kerjanya dan stres, mendesah. "Kamu selalu emosional. Tidak bisakah kita makan malam saja tanpa drama ini?"

Bahunya terkulai. Anak-anak sedang menonton TV. Anjing menggonggong di luar. Dan Daniel… berjalan pergi.

Malam itu, saat ia terjaga dan sedang menggulir email, ia melihat sebuah renungan muncul di layarnya:
"Apa yang Akan Yesus Lakukan — Dalam Pernikahan Anda?"

Kata-kata itu menghantamnya bagai pukulan di dada.

Akankah Yesus membela harga dirinya?
Akankah Ia mengabaikan orang yang telah Ia janjikan untuk disayanginya? Akankah Ia menahan permintaan maaf karena hal itu membuat-Nya tampak lemah?

Keesokan paginya, Daniel tidak pergi bekerja. Dia membuat sarapan. Mengantar anak-anak ke sekolah. Lalu menunggu di ruang tamu, meremas-remas tangannya.

Ketika Leah masuk, dia terkejut dan berdiri.

"Leah… Aku salah. Aku membuatmu merasa tak terlihat. Aku membiarkan kesombongan menang. Namun hari ini, aku memilih sesuatu yang lebih baik. Aku ingin mencintaimu seperti Yesus."

Awalnya dia tidak berkata apa-apa — hanya menatap. Lalu perlahan, air matanya mengalir lagi — tetapi kali ini, air matanya bersifat menyembuhkan.

Malam itu, mereka berdoa bersama untuk pertama kalinya selama berbulan-bulan.

Pernikahan mereka tidak berubah secara ajaib. Namun ada sesuatu yang berubah.
Karena seorang pria memilih kerendahan hati daripada kesombongan. Dan di ruang itu, Yesus turun tangan.

Refleksi WWJD

Akankah Yesus melindungi egonya — atau berjuang untuk rekonsiliasi?

Afirmasi

"Saya memilih kerendahan hati daripada kesombongan. Hubungan saya layak untuk disembuhkan."

Deklarasi Komitmen

Hari ini, saya berkomitmen untuk mengambil langkah pertama menuju perdamaian — meski saya merasa bukan saya yang harus disalahkan.

Rencana Aksi

Minta maaf atau hubungi seseorang yang sudah lama Anda jauhi — bukan untuk membuktikan suatu hal, tetapi untuk membangun kembali kepercayaan.

Doa

Yesus, bantulah aku untuk mengasihi seperti yang Engkau lakukan — dengan kasih karunia, kerendahan hati, dan keberanian. Ampunilah aku atas kesombongan yang membangun tembok. Tunjukkanlah kepadaku cara merendahkan diri dan mengambil langkah pertama menuju penyembuhan. Pulihkan apa yang telah aku rusak. Dalam nama-Mu, amin.

Entri Jurnal

- Siapakah yang telah saya sakiti dengan menarik diri, mengabaikan, atau bersikap defensif?
- Apa yang menghalangi saya untuk meminta maaf atau berhubungan kembali?
- Bagaimana jadinya jika Yesus menyembuhkan hubungan ini melalui saya?

Studi Kelompok / Pertanyaan Diskusi

1. Mengapa begitu sulit untuk mengatakan, "Maaf" — terutama dalam hubungan dekat?
2. Bagaimana kesombongan diam-diam merusak cinta?
3. Seperti apa kerendahan hati dalam kehidupan keluarga nyata?

Hari ke-4 – Ketika Pelayanan Menjadi Topeng

Kisah Gereja: "Pemimpin Ibadah yang Kehilangan Lagunya"

Fokus Kitab Suci

"Jika aku berbicara dengan bahasa manusia dan dengan kegembiraan bak malaikat, tetapi tidak memiliki kasih,
maka aku sama saja dengan derit pintu yang berkarat."
— 1 Korintus 13:1 (MSG)

Ceritanya

Freya adalah seorang pemimpin pujian di sebuah gereja yang ramai di London Timur. Muda, berbakat, dan bersemangat, suaranya dapat membungkam seisi ruangan. Orang-orang mengatakan lagu-lagunya "menghantarkan surga." Dia memiliki penampilan, bakat, penampilan panggung — dan kelelahan yang tidak terlihat oleh siapa pun.

Setiap hari Minggu, dia bernyanyi sepenuh hati. Setiap hari Senin, dia hancur.

Dia telah belajar cara "menyalakannya." Tersenyum. Tampil. Memimpin. Menginspirasi. Namun, di tengah ritme mingguan latihan, rekaman, dan penderitaan hidup yang nyata, Freya telah kehilangan altar pribadinya. Ibadahnya telah menjadi profesional. Alkitabnya berdebu. Doa-doanya mekanis.

Namun, ia tidak bisa berhenti. Ia adalah "yang diurapi." Orang-orang membutuhkannya. Tuhan mengharapkannya. Benar?

Suatu hari, mentornya, Bibi Joy — seorang pendoa syafaat berusia 65 tahun dengan suara lembut dan tatapan tajam — menanyakan sebuah pertanyaan sederhana kepadanya setelah kebaktian:

"Freya… kapan terakhir kali kamu bernyanyi hanya untuk Yesus — bukan untuk kita?"

Malam itu, Freya tidak bisa tidur. Ia menangis, duduk di lantai flatnya yang kecil, dikelilingi lembaran-lembaran lagu dan daftar lagu penyembahan.

"Yesus, aku merindukan-Mu," bisiknya. "Bukan pelayanannya. Bukan tepuk tangan. **Engkau.** Apa yang akan Engkau lakukan… jika Engkau jadi aku?"

Tiba-tiba, semuanya menjadi tidak rumit. Yesus tidak akan berpura-pura. Dia tidak akan menunjukkan kasih. Dia akan kembali kepada Bapa. Dia akan beristirahat. Dia akan berserah.

Freya mengambil cuti selama dua minggu. Tidak bernyanyi. Tidak memimpin. Hanya menulis jurnal, jalan-jalan berdoa, berdiam diri, dan detoksifikasi jiwa. Awalnya, keheningan itu tak tertahankan. Kemudian... semuanya menjadi indah.

Ketika dia kembali ke gereja, dia menyanyikan paduan suara sederhana — mata terpejam, hati terbuka. Tidak ada riff besar. Tidak ada penampilan. Hanya kehadiran.

Dan entah bagaimana, momen mentah itu menyentuh jemaat lebih dari yang pernah ada.

Freya belajar sesuatu yang tak ternilai:
Tuhan tidak memanggilnya untuk tampil. Dia memanggilnya untuk mencintai.

Refleksi WWJD

Akankah Yesus tetap melakukan tugasnya saat hati-Nya kosong — atau akankah Dia kembali kepada Bapa?

Afirmasi

"Saya dicintai karena siapa saya — bukan apa yang saya lakukan. Saya melayani karena limpahan, bukan karena kewajiban."

Deklarasi Komitmen

Hari ini, saya berkomitmen untuk mengutamakan kehadiran bersama Tuhan dibandingkan kinerja bagi orang lain.

Rencana Aksi

Luangkan waktu hari ini untuk menyendiri bersama Tuhan — bukan untuk melayani, berproduksi, atau memposting. Hanya untuk menjadi diri sendiri.

Doa

Bapa, aku menyerahkan topeng pelayanan. Sembuhkanlah aku dari kinerja. Ingatkan aku bahwa Engkau mengasihiku terlebih dahulu — bukan karena bakatku, tetapi karena hatiku. Ajarilah aku untuk beribadah dari tempat yang intim lagi. Dalam nama Yesus, amin.

Entri Jurnal

- Kapankah pelayanan atau pengabdian menjadi lebih merupakan tugas daripada kesenangan bagi saya?
- Bagaimana Yesus akan peduli dengan jiwaNya saat berada di posisi saya?
- Apa salah satu cara saya dapat menemukan kembali sukacita hanya dengan berada bersama Tuhan?

Studi Kelompok / Pertanyaan Diskusi

1. Mengapa begitu banyak pemimpin dan relawan mengalami kelelahan di gereja?
2. Apa bahayanya melayani tanpa keintiman dengan Tuhan?
3. Bagaimana kelompok Anda dapat saling mendukung agar tetap segar secara rohani?

Hari ke-5 – Ketika Cinta Membahayakan Reputasi

Kisah Dampak Sosial: "Stand Jessica"

Fokus Kitab Suci

"Kasihmu terhadap sesama akan menjadi bukti bagi dunia, bahwa kamu adalah murid-murid-Ku."
— Yohanes 13:35 (TB)

Ceritanya

Jessica adalah seorang siswi kelas 2 di Riverdale High School di Chicago. Ia tidak populer, tetapi ia dihormati — wakil presiden dewan siswa, pemimpin pujian di kelompok pemuda gerejanya, dan dikenal karena selalu melakukan hal yang benar.

Dia menyukai hidupnya yang rapi. Terkendali. Dapat diprediksi. Aman.

Itu berubah ketika Carlos bergabung dengan sekolah mereka.

Carlos baru saja pindah dari program reintegrasi remaja di pertengahan tahun. Keluarganya berjuang melawan kemiskinan, dan catatan kriminalnya — pencurian kecil-kecilan dan vandalisme — bukanlah rahasia. Desas-desus pun menyebar dengan cepat. "Jaga ranselmu," canda seseorang. "Dia mungkin bersenjata," bisik yang lain.

Jessica tidak mengenalnya. Dia tidak ingin mengenalnya. Orang-orang seperti Carlos bukanlah bagian dari dunianya.

Kemudian tibalah hari Jumat pagi. Sekolah itu ramai dengan persiapan untuk nominasi kepemimpinan tahunan. Jessica diharapkan mencalonkan diri sebagai ketua kelas senior — dan menang.

Sore itu, dia mendengar sekelompok siswa melecehkan Carlos di belakang gedung olahraga. "Menurutmu, kamu pantas di sini? Ini bukan sekolah yang cocok untukmu."

Jessica membeku.

Dia bisa saja pergi. Semua orang melakukannya.

Namun bisikan dalam jiwanya datang lagi:
Apa yang akan Yesus lakukan?

Akankah Dia tetap diam demi melindungi kedudukan-Nya? Akankah Dia lebih mementingkan kepemimpinan daripada cinta?

Dia melangkah maju.

“Hei. Sudah cukup.”

Kelompok itu menatap. “Tenang saja, Jessica. Kami hanya bercanda.”

Dia tidak bergeming. “Itu tidak lucu. Itu salah.”

Mereka pergi sambil memutar mata mereka.

Carlos terdiam tercengang. “Kau tidak perlu melakukan itu.”

Jessica mengangguk. “Ya.”

Akhir pekan itu, penasihat kampanyenya memperingatkannya: "Beberapa orang tua tidak senang. Membelanya dapat merusak peluang Anda."

Dia tersenyum, damai. “Kalau begitu aku tidak butuh gelar itu.”

Pada hari Senin, cerita itu telah menyebar. Beberapa orang mundur. Namun yang lain terinspirasi. Lebih banyak siswa mulai ikut serta, termasuk Carlos. Dan Jessica? Dia masih mencalonkan diri — dan menang.

Tetapi meskipun dia belum lulus, dia tahu dia telah lulus ujian yang lebih penting.

Refleksi WWJD

Akankah Yesus melindungi reputasi-Nya — atau membela mereka yang ditolak?

Afirmasi

“Saya tidak ditentukan oleh popularitas — saya dipimpin oleh cinta.”

Deklarasi Komitmen

Hari ini, saya berkomitmen untuk berdiri bersama mereka yang terbuang, bahkan jika itu mengorbankan persetujuan saya.

Rencana Aksi

Secara sengaja menjangkau seseorang yang terpinggirkan atau diabaikan. Dengarkan. Dukung. Undang.

Doa

Yesus, Engkau berdiri bersama mereka yang terlupakan, yang ditolak, dan yang terbuang. Berikanlah aku hati-Mu hari ini. Bantulah aku mempertaruhkan kenyamanan dan reputasi untuk mencerminkan kasih-Mu. Biarkan tindakanku berbicara lebih keras daripada statusku. Amin.

Entri Jurnal

- Kapankah saya memilih reputasi dibanding belas kasihan?
- Siapa di sekolah, tempat kerja, atau lingkungan saya yang membutuhkan seseorang untuk mendukung mereka?
- Ketakutan apa yang menghalangiku untuk mencintai dengan berani?

Studi Kelompok / Pertanyaan Diskusi

1. Pernahkah Anda merasa dikucilkan atau melihat seseorang diperlakukan tidak adil? Bagaimana tanggapan Anda?
2. Mengapa reputasi begitu sulit dilepaskan?
3. Seperti apa jadinya jika kelompok Anda secara sengaja mengikutsertakan dan melindungi kelompok rentan?

Hari ke-6 – Saat Tidak Ada yang Melihat

Kisah Asia: "Arjun dan Ujian yang Menghancurkannya"

Fokus Kitab Suci

"Lebih baik miskin tapi jujur dari pada tidak jujur tapi kaya."
— Amsal 28:6 (NLT)

Ceritanya

Arjun adalah mahasiswa berprestasi di Universitas St. Xavier di Mumbai. Dia adalah tipe orang yang menjadi panutan para orang tua saat membandingkan anak-anak mereka — penuh hormat, disiplin, dan selalu masuk dalam 5 besar. Keluarganya telah mengorbankan segalanya agar dia bisa belajar teknik. "Kamu adalah harapan kami," ayahnya sering berkata, seorang pekerja pabrik dengan mata lelah dan tangan kapalan.

Namun semester ini berbeda. Arjun berjuang keras dengan mata kuliah utamanya — Sistem Lanjutan. Ia belajar hingga larut malam. Ia berdoa. Ia berpuasa. Namun, hasilnya tetap tidak memuaskan. Dan sekarang, ujian akhir telah tiba.

Suatu malam sebelum ujian, saat berjalan melintasi kampus, Arjun bertemu Rakesh, teman sekelas yang dikenal suka mengambil jalan pintas. "Saya punya kertas ujian," bisik Rakesh. "Dibocorkan dari sepupu di bagian administrasi. Mau atau tidak?"

Arjun tertawa canggung. "Kau bercanda."

"Tidak. Aku sudah menjualnya ke lima orang lainnya. Kau salah satu orang baik. Aku menawarkannya kepadamu karena aku menghormatimu."

Arjun ragu-ragu.

Dia hampir bisa mendengar suara ibunya: *"Jangan pulang dengan kegagalan."*

Ia memikirkan kerja keras ayahnya. Desanya. Tekanannya. Mimpi-mimpinya.

Dan kemudian, jauh di dalam hatinya, ada suara lain yang berbisik:
"Apa yang akan Yesus lakukan?"

Yesus tidak akan mengambil jalan yang mudah. Dia tidak akan membenarkan kecurangan dengan pengorbanan. Dia akan percaya kepada Bapa — bahkan ketika hasilnya tampak tidak adil.

Arjun menggelengkan kepalanya. "Tidak. Aku tidak bisa."

Rakesh memutar matanya. "Kau akan menyesalinya."

Keesokan harinya, Arjun duduk di ruang ujian, gemetar. Soal-soalnya lebih sulit dari yang diharapkan. Dadanya sesak. Namun, ia menolak untuk melihat ke sekeliling. Ia menyelesaikan ujiannya. Menyerahkannya. Berjalan keluar—tidak yakin, tetapi merasa damai.

Saat hasil ujian keluar, Arjun tidak menjadi yang terbaik di kelas. Ia nyaris tidak lulus. Namun, sesuatu yang tidak terduga terjadi. Seorang profesor, yang diam-diam melaporkan kejadian kecurangan tersebut, memuji kejujuran Arjun dan menominasikannya untuk beasiswa etika internasional.

Integritas tidak membuatnya populer. Namun, integritas membuatnya tak terlupakan.

Refleksi WWJD

Akankah Yesus melanggar aturan demi "tujuan baik" — atau tetap setia saat hal itu menyakitkan?

Afirmasi

"Nilai saya bukan terletak pada kesempurnaan, tapi pada berjalan dalam kebenaran."

Deklarasi Komitmen

Saat ini, saya memilih karakter daripada kenyamanan — bahkan ketika tidak ada orang lain yang menonton.

Rencana Aksi

Renungkan satu area di mana kompromi telah menjadi hal yang "mudah". Buatlah satu pilihan yang sulit dan jujur hari ini.

Doa

Tuhan, bantulah aku memilih apa yang benar, bukan apa yang mudah. Biarkan hatiku tetap bersih di hadapan-Mu, bahkan saat tak seorang pun melihat. Ingatkan aku bahwa Engkau menghargai kesetiaan. Kuatkan keinginanku untuk melakukan apa yang Yesus lakukan — secara rahasia dan di depan umum. Amin.

Entri Jurnal

- Pernahkah saya membenarkan kesalahan yang saya buat karena tekanan atau rasa takut?
- Seperti apa memilih integritas dalam tantangan saya saat ini?
- Ketakutan apakah yang ingin Yesus hentikan dalam diriku hari ini?

Studi Kelompok / Pertanyaan Diskusi

1. Mengapa kompromi seringkali lebih mudah ketika tidak ada seorang pun yang melihat?
2. Berapa biaya integritas — dan apa yang diberikannya?
3. Bagaimana kelompok Anda dapat saling menyemangati untuk berjalan dalam kebenaran di bawah tekanan?

Hari ke-7 – Ketika Citra Menjadi Berhala

Kisah Australia: "Chloe dan Kehidupan yang Tersaring"

Fokus Kitab Suci

"Sesungguhnya, aku tidak berusaha untuk menyenangkan manusia, melainkan menyenangkan Allah.
Jika aku ingin menyenangkan manusia, maka aku bukanlah hamba Kristus."
— Galatia 1:10 (TB)

Ceritanya

Chloe sedang menjalani mimpinya — atau setidaknya, itulah yang tertulis di Instagram-nya.

Di usianya yang ke-22, ia memiliki 40.000 pengikut, kesepakatan dengan merek, pekerjaan sebagai model, dan saluran YouTube yang terus berkembang tempat ia memberikan kiat-kiat gaya hidup dan kiat-kiat gaya hidup. Umpannya sempurna: foto-foto pantai di Byron Bay, semangkuk smoothie di Bondi, dan rutinitas pagi yang disusun dengan sempurna.

Namun di dalam? Chloe kelelahan.

Ia jarang mengunggah foto tanpa melakukan retouch. Ia hanya tersenyum saat pencahayaannya tepat. Dan di balik setiap foto yang difilter, ada teriakan minta validasi.

Suatu malam, setelah mengunggah foto "Happy Girl Vibes" sambil menangis dalam diam di tempat tidurnya, Chloe menelusuri ratusan like. Namun, rasanya hampa. Kemudian, ia menemukan cuplikan video seorang influencer Kristen yang berakhir dengan satu pertanyaan:

"Apa yang akan Yesus lakukan jika Dia berada di panggung Anda?"

Kalimat itu menghantuinya.

Ia teringat iman masa kecilnya. Sekolah Minggu. Alkitab usang milik ibunya. Kedamaian yang pernah ia rasakan saat berdoa di bawah bintang-bintang.

Sekarang? Semuanya berisik. Tekanan. Berpura-pura.

Dia menutup aplikasinya. Dalam keheningan, dia berdoa untuk pertama kalinya dalam beberapa tahun:

"Yesus… aku bahkan tidak tahu siapa diriku tanpa semua ini. Namun aku merindukan-Mu. Apa yang akan Kau lakukan jika Kau jadi aku?"

Jawabannya datang bukan sebagai guntur — tetapi sebagai kedamaian.

Yesus tidak akan bersembunyi di balik filter.
Dia tidak akan membangun merek dengan mengorbankan keaslian. Dia akan memimpin dengan kasih — bukan suka. Dan Dia akan memilih yang nyata daripada yang mengesankan.

Minggu itu, Chloe mengunggah sesuatu yang belum pernah ia lakukan sebelumnya — foto tanpa riasan, dengan judul:

"Hidup untuk gulungan kitab, bukan Juruselamat. Saya tidak berhenti menggunakan media sosial, tetapi saya sudah selesai beraksi. Saya belajar untuk mengikuti Yesus lagi. Selangkah demi selangkah. #WWJD"

Dia kehilangan 2.000 pengikut.

Dia memperoleh kebebasan.

Kini, platformnya tidak sempurna — tetapi nyata. Dan melalui kerentanannya, orang lain mulai menemukan keberanian untuk hidup tanpa filter juga.

Refleksi WWJD

Akankah Yesus mengejar pengaruh — atau memilih keaslian?

Afirmasi

"Nilai saya tidak ditentukan oleh pengikut, filter, atau ketenaran — saya sudah diterima di dalam Kristus."

Deklarasi Komitmen

Hari ini, saya berkomitmen untuk memilih keaslian daripada persetujuan.

Rencana Aksi

Evaluasi satu area dalam hidup Anda (media sosial, hubungan, pekerjaan) tempat Anda berpura-pura. Pilih satu langkah nyata dan rentan hari ini.

Doa

Yesus, Engkau melihatku sepenuhnya — dan mencintaiku sepenuhnya. Bantu aku terbebas dari perangkap kinerja. Biarkan aku hidup untuk persetujuan-Mu, bukan persetujuan orang banyak. Ajari aku untuk berani dalam keaslianku, berlabuh pada siapa aku di dalam-Mu. Amin.

Entri Jurnal

- Di mana saya mencari persetujuan dengan mengorbankan perdamaian?
- Ketakutan apa yang menghalangi saya untuk menjadi autentik sepenuhnya?
- Bagian hidup manakah yang Yesus minta dengan lembut untuk saya serahkan?

Studi Kelompok / Pertanyaan Diskusi

1. Mengapa kita sering berpura-pura atau tampil — bahkan di tempat spiritual?
2. Seperti apakah kehidupan yang autentik dan berpusat pada Yesus di dunia yang terobsesi dengan citra?
3. Bagaimana kelompok Anda bisa menjadi ruang di mana yang nyata dirayakan alih-alih yang dipoles?

Hari ke 8 – Ketika Kasih Sayang Terasa Mustahil

Kisah Amerika Latin: "Isabela dan Beban Pengkhianatan"

Fokus Kitab Suci

"Hendaklah kamu ramah terhadap orang lain, penuh kasih sayang dan saling mengampuni,
sebagaimana Allah di dalam Kristus telah mengampuni kamu."
— Efesus 4:32 (NIV)

Ceritanya

Isabela selalu percaya pada kesetiaan.

Ia bekerja berdampingan dengan ayahnya di kafe milik keluarga mereka di São Paulo, Brasil. Ia membuka toko saat fajar, mengelola staf, menangani pemasok, dan menuangkan mimpinya ke dalam aroma pão de queijo segar dan kopi manis.

Lalu suatu hari, semuanya berantakan.

Sepupunya, Diego — yang mereka perlakukan seperti anak sendiri — tertangkap basah mencuri. Ribuan real hilang. Kuitansi pemasok palsu. Uang tunai tidak diketahui keberadaannya. Dan yang terburuk dari semuanya? Dia menghilang tanpa kabar.

Ayahnya hancur. Isabela sangat marah.

"Kami memercayainya!" teriaknya sambil membanting buku besar itu hingga tertutup. "Saya harap polisi menemukannya dan memenjarakannya."

Minggu demi minggu berlalu. Lalu berbulan-bulan. Rasa sakitnya memudar menjadi nyeri tumpul dan pahit.

Hingga pada suatu malam yang hujan, saat dia menutup kafe, Diego yang basah kuyup dan gemetar berjalan melewati pintu.

Dia tampak lebih tua. Lebih kurus. Malu.

"Maafkan aku," bisiknya. "Aku telah mengacau. Aku tidak mengharapkan apa pun... Aku hanya perlu mengatakannya."

Isabela berdiri mematung. Tangannya mengepal. Pikirannya berteriak: *"Dia tidak pantas berada di sini."*

Lalu muncullah pertanyaan yang menghancurkan amarahnya: *"Apa yang akan Yesus lakukan — jika Dia berdiri di ruangan ini sekarang?"*

Akankah Dia membuat daftar pelanggaran?
Akankah Dia menuntut ganti rugi? Akankah Dia berpaling?

TIDAK.

Dia akan menatap mata Diego — dan memaafkannya.

Air matanya mengalir. Suaranya bergetar.

"Aku masih marah… tapi aku memaafkanmu."

Diego berlutut. "Terima kasih."

Dia tidak tahu apa yang akan terjadi selanjutnya. Apakah kepercayaan dapat dibangun kembali. Apakah luka akan sembuh sepenuhnya.

Tetapi dia tahu satu hal: **Dia bebas.**

Karena memaafkan bukan tentang memperbaiki masa lalu — melainkan tentang *melepaskan cengkeramannya terhadap Anda* .

Refleksi WWJD

Akankah Yesus menunggu pertobatan yang sempurna — atau menawarkan belas kasihan dari hati yang penuh kasih?

Afirmasi

"Saya bukan tawanan kepahitan. Saya berjalan dalam kebebasan memaafkan."

Deklarasi Komitmen

Hari ini, saya berkomitmen untuk memberikan pengampunan — bukan karena mereka pantas menerimanya, tetapi karena Yesus memberikannya kepada saya terlebih dahulu.

Rencana Aksi

Tuliskan sebuah nama. Ucapkan kata-katanya. Lepaskan beban. Ambil satu langkah menuju rahmat.

Doa

Yesus, Engkau mengampuniku saat aku tidak punya apa-apa untuk diberikan. Bantulah aku melakukan hal yang sama. Runtuhkanlah tembok kemarahan dan kesombongan di hatiku. Biarkan kasih-Mu mengalir melalui diriku, bahkan saat itu menyakitkan. Ajarilah aku untuk mengampuni dengan bebas seperti yang telah Engkau lakukan. Dalam nama-Mu, amin.

Entri Jurnal

- Siapa yang tidak mau saya maafkan? Mengapa?
- Menurut saya, apa kerugian saya jika saya merilisnya?
- Apa yang akan Yesus katakan kepada saya tentang rasa sakit ini hari ini?

Studi Kelompok / Pertanyaan Diskusi

1. Mengapa memaafkan terasa tidak adil — namun begitu membebaskan?
2. Apa perbedaan antara pengampunan dan pemulihan?
3. Bagaimana kelompok Anda dapat saling membantu melewati rasa sakit dengan belas kasihan?

Hari ke-9 – Saat Anda Satu-satunya Orang yang Tidak Mau Berkompromi

Kisah Kanada: "Andre dan Batas yang Ia Tolak untuk Dilanggar"

Fokus Kitab Suci

"Tuhan membenci bibir dusta, tetapi orang yang mengatakan kebenaran disenangi-Nya."
— Amsal 12:22 (NLT)

Ceritanya

Andre akhirnya berhasil.
Manajer strategi senior di salah satu perusahaan investasi dengan pertumbuhan tercepat di Toronto. Kantor pojok. Mobil perusahaan. Sarapan pimpinan. Semua yang pernah diusahakannya.

Namun, seiring dengan promosi tersebut muncul tekanan. Harapan. Dan area abu-abu.

Andre tidak naif — dia tahu bagaimana politik perusahaan bekerja. Dia belajar menghadapinya dengan senyum dan strategi. Namun, tidak ada yang mempersiapkannya untuk apa yang diminta bosnya untuk dilakukan pada Selasa pagi itu.

"Tentang angka-angka triwulanan itu…"
Andre mencondongkan tubuhnya.

“Kita perlu 'memposisikan ulang' mereka sedikit. Mengurangi kerugian. Tidak ada yang ilegal, hanya... kreatif.”
Terjemahan: berbohong kepada dewan.

Andre berkedip. “Maksudmu, salah mengartikan?”

"Tidak salah mengartikan," kata bosnya dengan tegas. "Hanya tidak perlu disebutkan. Anda pemain tim, kan?"

Pemain tim. Kata-kata itu bergema.

Malam itu, Andre tidak bisa makan. Tidak bisa tidur. Dia mondar-mandir di lorong apartemennya, berdoa.

“Ya Tuhan, aku sudah bekerja keras. Engkau telah membuka pintu ini. Tapi sekarang… apakah aku harus membuangnya?”

Bisikan itu terdengar lagi:
“Apa yang akan Yesus lakukan?”

Akankah Yesus melindungi sebuah gelar?
Akankah Dia membenarkan sebuah kebohongan kecil demi kemenangan yang lebih besar? Atau akankah Dia berdiri sendiri jika diperlukan?

Keesokan paginya, Andre melangkah ke ruang rapat. Semua mata memperhatikannya saat ia menyampaikan laporan triwulanan.

Dia tidak melunakkan kebenaran. Dia tidak melebih-lebihkan.
Dia tidak menyembunyikan kerugian.
Dia memberi tahu dewan direksi apa yang seharusnya mereka ketahui — dengan hormat, jelas, dan jujur.

Ketika rapat berakhir, bosnya menatapnya dengan rahang terkatup rapat.

"Kau baru saja menghancurkan masa depanmu di sini," gerutunya.

Andre mengangguk. "Mungkin. Atau mungkin aku hanya menghormati keinginanku."

Seminggu kemudian, ia menerima panggilan telepon tak terduga dari perusahaan pesaing. Salah satu mitra senior mereka hadir di ruang rapat itu sebagai tamu. "Kami mencari seseorang yang punya nyali. Anda berminat?"

Dia tersenyum.
Tuhan menghargai ketaatan, bukan jalan pintas.

Refleksi WWJD

Akankah Yesus melindungi kedudukan-Nya dengan menyembunyikan kebenaran — atau mempercayai Bapa dan berbicara dengan integritas?

Afirmasi

"Saya membela kebenaran, bahkan jika itu mengorbankan posisi atau persetujuan saya."

Deklarasi Komitmen

Hari ini, saya berkomitmen untuk menghormati Tuhan daripada melindungi citra atau pengaruh saya.

Rencana Aksi

Identifikasi satu area di tempat kerja atau kehidupan di mana Anda tergoda untuk melunakkan kebenaran. Pilih kejujuran. Bicaralah dengan anggun.

Doa

Tuhan, aku mengakui betapa menggodanya untuk berbaur — memutarbalikkan kebenaran demi mendapatkan dukungan. Berilah aku keberanian untuk memuliakan-Mu di atas segalanya. Bantulah aku berjalan dengan berani, bukan untuk promosi, tetapi untuk nama-Mu. Amin.

Entri Jurnal

- Di mana saya merasakan tekanan untuk membengkokkan kebenaran demi meraih keberhasilan atau penerimaan?
- Ketakutan apa yang muncul saat saya membayangkan berdiri sendirian?
- Apa yang akan Yesus lakukan dalam situasi tempat kerja saya saat ini?

Studi Kelompok / Pertanyaan Diskusi

1. Mengapa sulit untuk membela kebenaran dalam lingkungan yang kompetitif atau politis?
2. Apa perbedaan antara keberanian dan kesombongan?
3. Bagaimana kelompok Anda dapat saling mendukung dalam mengambil keputusan sulit yang menghormati Tuhan?

Hari ke 10 – Ketika Iman Terasa Asing

Kisah Prancis: "Léna dan Tembok Tak Terlihat"

Fokus Kitab Suci

"Ya, setiap orang yang mau hidup beribadah di dalam Kristus Yesus akan menderita aniaya."
— 2 Timotius 3:12 (TB)

Ceritanya

Léna pindah ke Lyon untuk belajar filsafat.
Cerdas, tertutup, dan artistik, ia mengira kehidupan universitas akan penuh dengan percakapan mendalam, persahabatan yang hangat, dan tujuan.

Namun, seiring berlalunya waktu, ia menyadari sesuatu: Imannya membuatnya *berbeda* — dan bukan dalam cara yang dirayakan orang-orang.

Di kelas, iman adalah bahan tertawaan. "Agama adalah kelemahan emosional," kata seorang profesor.
Di pesta-pesta, iman membuatnya menjadi orang luar. Dalam obrolan grup, namanya jarang muncul — kecuali saat seseorang membutuhkan catatan.

Léna berdoa. Dia menulis jurnal. Dia tersenyum. Namun dalam hati, dia mulai bertanya,
"Apakah pantas untuk menonjol? Apa ruginya jika membaur?"

Pada suatu Kamis sore, selama perdebatan tentang relativisme moral, sang profesor bertanya kepada hadirin, "Dapatkah seseorang membela kebenaran moral absolut?"

Kesunyian.

Lalu beberapa mata tertuju padanya.

Dia bisa saja menyusut. Diamlah. Jaga reputasinya.

Atau… dia bisa berbicara.

Dia berbisik pelan: *"Yesus, tolonglah aku."*

Lalu dia mengangkat tangannya.

"Saya percaya kebenaran ada di luar perasaan kita," katanya lembut. "Dan saya percaya Yesus mewujudkannya."

Beberapa siswa memutar mata mereka. Satu bergumam, "Itu dia gadis gereja."

Namun yang lain mengangkat tangannya. "Bolehkah aku bertanya tentang itu nanti?"

Setelah kelas, murid itu — Amir — berjalan bersamanya. "Saya telah mengeksplorasi iman secara pribadi," katanya. "Tetapi saya tidak berpikir ada orang yang benar-benar mempercayainya dengan lantang lagi."

Percakapan itu berubah menjadi obrolan minum kopi mingguan. Mereka mulai membaca Kitab Suci bersama. Yang lain diam-diam bergabung.

Léna tidak pernah menjadi murid paling populer.
Namun, ia menjadi sosok *yang bersinar* .
Bukan karena ia cocok — tetapi karena ia tidak cocok.

Refleksi WWJD

Akankah Yesus tetap diam agar merasa diterima — atau mengatakan kebenaran dengan kasih, meskipun itu mahal?

Afirmasi

"Imanku bukanlah beban — itu adalah keberanianku."

Deklarasi Komitmen

Hari ini, saya berkomitmen untuk menjalankan iman saya di depan umum — dengan kerendahan hati, kejelasan, dan cinta.

Rencana Aksi

Bicaralah tentang Yesus hari ini di tempat yang biasanya Anda diam — meskipun hanya satu kalimat.

Doa

Tuhan, berikanlah aku keberanian untuk menjadi terang saat iman meredup. Bantulah aku berbicara, hidup, dan mengasihi dengan cara yang mencerminkan-Mu. Kuatkanlah aku untuk berdiri teguh — bahkan saat aku merasa sendirian. Terima kasih telah melihatku. Dalam nama Yesus, amin.

Entri Jurnal

- Di mana saya tergoda menyembunyikan iman saya agar merasa diterima?
- Ketakutan apa yang menghalangi saya untuk berdiri atau berbicara?
- Siapakah yang mungkin mengamati keberanianku yang diam?

Studi Kelompok / Pertanyaan Diskusi

1. Mengapa sulit mengekspresikan iman di ruang sekuler atau intelektual?
2. Bagaimana kita dapat menyeimbangkan keberanian dengan kelembutan?
3. Siapa di lingkungan Anda yang mungkin diam-diam menunggu keberanian Anda?

Hari ke-11 – Ketika Panggung Menyembunyikan Perjuangan

Kisah Jerman: "Jonas dan Hollow Platform"

Fokus Kitab Suci

"Bukan seperti yang kamu lihat, Tuhan melihat apa yang dilihat manusia.
Manusia menilai berdasarkan apa yang kelihatan, tetapi Tuhan melihat hati."
— 1 Samuel 16:7 (TB)

Ceritanya

Jonas berdiri di belakang mimbar di sebuah gereja evangelis yang sedang berkembang di Berlin.
Muda, pandai berbicara, dan bergaya, ia adalah wajah Kekristenan Jerman modern — podcast, kutipan Instagram, dan kebaktian Minggu yang padat.

Orang-orang menyebutnya *orang yang diurapi* . Para penatua menyebutnya *visioner* . DM-nya dipenuhi dengan undangan untuk berkhotbah.

Namun di dalam hatinya, Jonas merasa seperti penipu.

Dia tidak membuka Alkitabnya untuk apa pun kecuali persiapan khotbah selama berminggu-minggu. Doa-doanya sudah dilatih. Senyumnya, disaring. Setiap kali dia berjalan meninggalkan panggung, rasa sakit yang hampa mengikutinya pulang.

Ia tidak tahu kapan hal itu terjadi — kapan api berubah menjadi pertunjukan.
Kapan "pelayanan" berubah menjadi mesin.

Suatu malam, setelah menyampaikan khotbah tentang "Kehadiran Tuhan," dia masuk ke mobilnya, melaju ke luar kota, dan berteriak dalam keheningan:

"Tuhan... apakah Engkau masih tahu siapa aku sebenarnya?"

Malam itu, ia membuka-buka Alkitab masa kecilnya dan melihat catatan yang ditulisnya bertahun-tahun lalu:
"Yesus, aku akan menyerahkan segalanya kepada-Mu, bahkan jika tidak ada seorang pun yang melihat."

Dia hancur.

Air matanya mengalir. Ia berlutut. Ia berbisik, "Apa yang akan Kau lakukan, Yesus... jika Kau jadi aku?"

Jawabannya datang bagai ombak:
Mundurlah. Perlambat langkahmu. Mulai lagi — bersamaku.

Minggu berikutnya, dia mengejutkan gereja.

"Saya tidak akan meninggalkan iman saya," katanya. "Tetapi saya akan menjauh untuk sementara waktu. Bukan untuk beristirahat dari pelayanan — tetapi untuk kembali kepada Yesus."

Ada yang memuji, ada yang mengkritik.

Namun di musim yang tenang itu — tanpa media, tanpa dilihat, dan tanpa pujian — Jonas menemukan kembali cinta yang lebih dalam. Ia tidak memimpin kebaktian. Tidak mengunggah khotbah. Namun ia *berjalan bersama Yesus* lagi.

Beberapa bulan kemudian, ia kembali — bukan dengan sebuah panggung, tetapi dengan kehadiran. Dan itu mengubah segalanya.

Refleksi WWJD

Akankah Yesus mengejar tepuk tangan — atau memilih ketaatan yang tenang?

Afirmasi

"Saya tidak dipanggil untuk memberi kesan — saya dipanggil untuk berjalan bersama Yesus."

Deklarasi Komitmen

Hari ini, saya memilih kedalaman bersama Tuhan dari pada terlihat di hadapan orang lain.

Rencana Aksi

Jauhi kebiasaan yang mengutamakan kinerja. Sisihkan waktu untuk bersama Yesus sendirian — tanpa terlihat dan tanpa disaring.

Doa

Yesus, bakarlah keinginan untuk dilihat, disukai, atau dipuji. Pulihkan cinta pertamaku. Bantu aku memimpin — bukan dari kekosongan, tetapi dari keintiman dengan-Mu. Jadikan aku jujur. Jadikan aku milik-Mu. Amin.

Entri Jurnal

- Di mana saja aku telah tampil alih-alih mengejar Tuhan?
- Ketakutan apa yang membuat saya terus bergantung pada citra ketimbang keintiman?
- Apa yang akan Yesus lakukan seandainya Dia berada di belakang platform *saya ?*

Studi Kelompok / Pertanyaan Diskusi

1. Bagaimana pelayanan, kepemimpinan atau layanan bisa menjadi topeng?
2. Mengapa keintiman dengan Yesus lebih penting daripada kesuksesan publik?
3. Upaya perlindungan apa yang dapat diciptakan kelompok Anda untuk menjaga keimanan tetap autentik?

Hari ke-12 – Ketika Iman Bertemu dengan Kesedihan

Kisah Spanyol: "Lucía dan Doa yang Tak Terjawab"

Fokus Kitab Suci

"Tuhan itu dekat kepada orang-orang yang patah hati;
Ia menyelamatkan orang-orang yang remuk jiwanya."
— Mazmur 34:18 (NLT)

Ceritanya

Lucía mencintai ibunya lebih dari siapa pun di dunia.

Mereka mengelola sebuah toko bunga kecil di jantung kota Barcelona, penuh dengan warna-warna cerah, pelanggan yang ramah, dan alunan musik pujian yang lembut di latar belakang. Ibunya, Elena, adalah orang yang paling percaya padanya — lembut, gembira, dan selalu berdoa.

Ketika Elena didiagnosis menderita kanker agresif, dunia Lucía hancur.

Dia berdoa. Gerejanya berdoa. Teman-teman dari luar negeri berdoa.

Lucía berpuasa. Beribadah. Percaya.

"Tuhan akan menyembuhkannya," katanya pada dirinya sendiri. "Dia harus melakukannya."

Namun pada suatu pagi bulan Desember yang dingin, ibunya menghembuskan nafas terakhirnya.

Lucía berdiri mematung di lorong rumah sakit, kedua tangannya menggenggam rosario.
"Mengapa Engkau tidak muncul?" bisiknya.

Bulan-bulan berikutnya sunyi senyap. Ia masih menyalakan lilin. Masih menghadiri misa. Masih membantu di toko bunga. Namun di dalam hatinya? Imannya telah berubah menjadi kabut.

Suatu malam, ketika hendak menutup toko, dia menemukan Alkitab lama milik ibunya. Di dalamnya ada catatan yang ditulis beberapa tahun sebelumnya:

"Jika aku tidak melihat kesembuhan, aku akan tetap percaya pada Sang Penyembuh."

Lucía hancur.

Untuk pertama kalinya selama berbulan-bulan, dia berlutut di ruang belakang yang dipenuhi bunga dan menangis.

"Yesus, aku tidak mengerti… tapi aku tetap menginginkanMu."

Kedamaian datang — bukan dalam bentuk jawaban, tetapi dalam bentuk kehadiran.

Yesus tidak meninggalkannya. Dia duduk bersamanya di setiap perjalanan mobil yang sunyi. Setiap malam yang sepi. Setiap air mata.

Lucía tidak mendapatkan mukjizatnya.
Namun, ia menemukan sesuatu yang lebih dalam: Juruselamat yang *tetap tinggal* saat ia paling terluka.

Refleksi WWJD

Akankah Yesus menjelaskan rasa sakit itu — atau ikut merasakannya bersama kita?

Afirmasi

"Bahkan dalam kesedihan, saya tidak pernah sendirian. Yesus menangis bersama saya."

Deklarasi Komitmen

Hari ini, aku berkomitmen untuk percaya kepada Tuhan, sekalipun aku tidak mengerti jalan-jalan-Nya.

Rencana Aksi

Luangkan waktu hari ini untuk bersikap jujur kepada Tuhan tentang kesedihan atau kekecewaan. Biarkan Dia menemui Anda di sana.

Doa

Yesus, aku bawakan kesedihanku kepada-Mu. Aku tidak butuh semua jawaban — aku hanya butuh-Mu. Duduklah bersamaku. Peluklah aku. Sembuhkan bagian-bagian yang masih sakit. Dan ingatkan aku: Engkau tidak takut akan rasa sakitku. Amin.

Entri Jurnal

- Di mana selama ini saya berduka dalam diam dan menjauhkan diri dari Tuhan?
- Apa yang mungkin ingin Yesus katakan kepadaku saat aku bersedih?
- Bagaimana saya bisa membiarkan Dia masuk ke dalam emosi saya yang jujur?

Studi Kelompok / Pertanyaan Diskusi

1. Bagaimana kita membantu satu sama lain berduka tanpa menawarkan klise?
2. Seperti apakah ibadah yang "dilakukan sambil meratap"?
3. Bagaimana kelompok Anda dapat menjadi ruang aman bagi iman dan emosi untuk hidup berdampingan?

Hari ke-13 – Ketika Kepatuhan Adalah Tindakan Perang Rahasia

Kisah Arab Saudi: "Abdul dan Pertempuran yang Tak Terlihat"

Fokus Kitab Suci

"Barangsiapa mengakui Aku di muka bumi ini, Aku juga akan mengakuinya di muka Bapa-Ku yang di surga."
— Matius 10:32 (TB)

Ceritanya

Abdul bekerja sebagai analis sistem untuk Kementerian Transportasi di Riyadh.
Tiga puluh dua tahun. Lajang. Pendiam. Berbakti. Dapat diandalkan. Ia mengenakan keffiyeh dengan rapi dan tidak pernah membuat masalah. Bagi rekan-rekannya, ia hanyalah "orang yang tenang."

Namun Abdul menyimpan sebuah rahasia. Rahasia yang terus terpendam dalam dirinya setiap hari.

Dua tahun lalu, selama pelatihan wajib di luar negeri di Dubai, Abdul bertemu dengan seorang pria bernama Joel — seorang Kristen dari Lebanon yang hidup seperti orang lain yang belum pernah Abdul lihat. Joel tidak hanya percaya kepada Tuhan — ia mencintai-Nya. Tertawa bersama-Nya. Berbicara tentang Yesus seperti seorang teman.

Abdul tumbuh sebagai orang yang religius — menghormati tradisi, berhati-hati dalam berdoa, dan berkomitmen pada penampilan. Namun, kegembiraan Joel membangkitkan sesuatu dalam dirinya yang tidak pernah muncul dalam ritual.

Dalam percakapan larut malam di kamar hotel, Joel membagikan Injil — bukan sebagai argumen, tetapi sebagai undangan.
Beberapa minggu kemudian, kembali ke Riyadh, Abdul membisikkan doa yang mengubah segalanya:

"Yesus… jika Engkau adalah seperti yang Kau katakan, aku ingin mengikuti-Mu. Bahkan jika itu mengorbankan segalanya."

Dan itu benar.

Dia tidak bisa memberi tahu keluarganya.
Dia tidak bisa membaginya dengan rekan kerjanya. Dia tidak bisa menghadiri gereja karena tidak ada gereja. Alkitabnya disembunyikan dalam file zip di flash drive. Doanya tidak diucapkan. Ibadahnya tidak terlihat.

Namun hatinya semakin membara setiap hari.

Ia mendengarkan podcast bawah tanah. Ia menghafal Kitab Suci dalam kegelapan. Ia berdoa memohon keberanian. Dan suatu malam, saat menonton video pembaptisan secara rahasia, ia bertanya dengan suara keras:

"Yesus… apa yang akan Engkau lakukan jika Engkau jadi aku?"

Jawabannya bukanlah: melarikan diri.
Bukan: menjadi viral. Melainkan: *setia — secara rahasia, dalam keheningan, dalam pengorbanan.*

Malam itu, Abdul mengirim pesan singkat kepada Joel dengan satu baris:

"Saya masih mengikuti-Nya. Bahkan di sini."

Tidak ada mimbar. Tidak ada panggung.
Hanya seorang pria yang memilih Yesus di negeri yang harga dirinya adalah segalanya.

Refleksi WWJD

Akankah Yesus menunggu kebebasan untuk mengikuti — atau mengikuti dengan ketaatan, bahkan dalam kegelapan?

Afirmasi

"Imanku mungkin tersembunyi, tetapi tidak berkurang kekuatannya. Yesus melihatku."

Deklarasi Komitmen

Hari ini, saya berkomitmen pada kesetiaan — bahkan jika tidak ada orang lain yang melihat atau merayakannya.

Rencana Aksi

Berdoalah secara khusus bagi orang-orang percaya yang teraniaya di seluruh dunia. Mintalah Tuhan untuk menguatkan ketaatan mereka yang tersembunyi.

Doa

Yesus, terima kasih karena Engkau telah berjalan bersamaku, bahkan secara rahasia. Ketika dunia tidak melihat imanku, Engkau melihatnya. Berikanlah aku keberanian untuk terus percaya kepada-Mu — untuk melayani, mengasihi, dan menyembah-Mu di tempat-tempat yang tak terlihat. Kuatkanlah setiap orang percaya yang berjalan sendirian. Dalam nama-Mu, amin.

Entri Jurnal

- Apa yang akan saya lakukan jika saya tidak dapat mengekspresikan keyakinan saya dengan bebas?
- Dengan cara apa Tuhan memanggil saya untuk taat secara tenang dan berani?

- Apakah saya menyepelekan kebebasan yang saya miliki untuk mengikuti Kristus?

Studi Kelompok / Pertanyaan Diskusi

1. Apa yang dapat kita pelajari dari orang percaya yang mengikuti Yesus secara rahasia?
2. Bagaimana kita dapat memperdalam pengabdian pribadi kita — bahkan dengan kebebasan publik?
3. Apa yang Yesus inginkan agar kita lakukan untuk mendukung gereja yang teraniaya?

Hari ke-14 – Ketika Agama Tidaklah Cukup

Kisah Israel: "Avi dan Hati yang Dingin"

Fokus Kitab Suci

"Bangsa ini memuliakan Aku dengan bibirnya, padahal hatinya jauh dari pada-Ku."
— Matius 15:8 (TB)

Ceritanya

Avi adalah salah satu pemandu wisata pribadi yang paling dicari di Yerusalem.

Fasih berbahasa Inggris, Arab, dan Ibrani, ia dapat membacakan kronologi Perjanjian Lama, menjelaskan adat istiadat Yahudi, dan berdebat tentang sejarah agama dengan percaya diri. Ia telah berjalan di Via Dolorosa seratus kali, menjelaskan Golgota seribu kali.

Dia tahu setiap batu, setiap ayat, setiap kisah.

Namun dia tidak mengenal Sang Pendongeng.

Bagi Avi, iman adalah tradisi. Sejarah. Identitas. Bukan hubungan.
Ia menghormati Yesus — seperti ia menghormati Abraham atau Daud. Namun, hanya itu yang terjadi.

Suatu pagi di musim semi, Avi memimpin sekelompok kecil wisatawan Kristen melalui Makam Taman. Seorang wanita berlama-lama, matanya basah oleh air mata.

"Mengapa kamu menangis?" tanyanya lembut.

Dia menatapnya dan berkata, "Karena Dia masih hidup. Aku hanya perlu duduk bersama-Nya sebentar."

Avi berkedip. "Maksudmu… Yesus?"

Dia mengangguk. "Bagi saya, Dia bukan konsep. Dia Juruselamat saya. Sahabat saya. Saya berbicara kepada-Nya di sini."

Kata-kata itu menghantuinya sepanjang minggu.

Dia tahu faktanya — tetapi mereka tidak bernapas.
Dia tahu tempatnya — tetapi belum pernah bertemu dengan Pribadi itu.

Suatu sore, saat matahari terbenam di balik Bukit Zaitun, Avi duduk sendirian di bawah pohon. Untuk pertama kalinya, bukan sebagai pemandu wisata, tetapi sebagai pencari.

Dia berbisik:

"Yesus… jika Engkau lebih dari sekadar sejarah… jika Engkau di sini… tunjukkanlah kepadaku."

Dia tidak mendengar suara apa pun. Dia tidak melihat cahaya apa pun.

Namun, ia merasakan kehangatan di dadanya. Keheningan di jiwanya. Setetes air mata mengalir dari matanya — dan itu bukan karena angin.

Malam itu, dia tidak membuka buku pelajaran. Dia membuka hatinya.

Refleksi WWJD

Akankah Yesus puas dengan pengetahuan Anda — atau mengejar hati Anda?

Afirmasi

"Yesus bukan hanya bagian dari sejarahku — Dia adalah realitasku saat ini."

Deklarasi Komitmen

Hari ini, saya berkomitmen untuk mencari hubungan dengan Yesus — bukan sekadar rutinitas keagamaan.

Rencana Aksi

Luangkan waktu hari ini bukan untuk membaca *tentang* Yesus, tetapi *berbicara kepada* -Nya. Tanyakan: "Apa yang ingin Engkau tunjukkan kepadaku tentang-Mu?"

Doa

Yesus, aku tidak ingin hanya mengetahui fakta-fakta — aku ingin mengenal **-Mu** . Bangkitkan hatiku dari rutinitas keagamaan. Bantu aku mengikuti-Mu, bukan hanya mengagumi-Mu. Aku mengundang-Mu ke dalam setiap bagian hidupku. Jadilah nyata bagiku, Tuhan. Amin.

Entri Jurnal

- Apakah saya merasa lebih nyaman belajar tentang Yesus daripada bersamaNya?
- Apa salah satu cara yang dapat saya lakukan untuk beralih dari agama ke hubungan minggu ini?
- Apa yang ingin Yesus ubah dalam cara saya mencari Dia?

Studi Kelompok / Pertanyaan Diskusi

1. Apa bedanya mengetahui *tentang* Yesus dan *berjalan bersama-* Nya?
2. Bagaimana kita berpindah dari iman rutin menuju iman relasional?
3. Tanda-tanda apa yang mungkin menunjukkan bahwa kita sedang "berkeliling" dalam iman alih-alih "menghidupinya"?

Hari ke-15 – Saat Tak Seorang Pun Tahu Kamu Sedang Terluka

Kisah Jepang: "Hiroshi dan Perjalanan Pulang Pergi yang Sepi"

Fokus Kitab Suci

"Tuhan melihat segala perbuatan kita, dan menjaga kita siang dan malam."
— Amsal 5:21 (TLB)

Ceritanya

Setiap pagi pukul 6:43, Hiroshi menaiki Jalur Yamanote di Tokyo.
Ia membaur dengan sempurna — jas rapi, tas kerja hitam, penyumbat telinga putih, tatapan mata yang tenang. Tak seorang pun berbicara. Tak seorang pun memperhatikan.

Dia bekerja di perusahaan IT menengah. Menulis kode yang bersih. Makan siang sendirian. Menjawab email dengan emoji yang sopan. Tertawa mendengar lelucon bosnya. Kemudian naik kereta pulang, menatap langit-langit, dan mengulang siklus itu.

Bagi dunia, Hiroshi adalah orang dewasa yang fungsional. Namun di dalam dirinya, ia menghilang.

Dia tidak berbicara dengan ayahnya selama empat tahun. Ibunya meninggal dengan tenang musim dingin lalu. Semua teman-temannya telah pindah. Dia berhenti menghadiri kuil masa kecilnya bertahun-tahun yang lalu, tetapi belum menemukan hal lain untuk dipercayainya.

Suatu hari Minggu, saat sedang asyik menonton YouTube karena bosan, ia menemukan sebuah video yang tenang: "*Anda tidak sendirian — suara Yesus di Jepang.*"
Ia memutar bola matanya… tetapi tidak mengalihkan pandangannya.

Videonya sederhana: musik lembut, bunga sakura, ayat-ayat Kitab Suci dalam bahasa Jepang.
Lalu terdengar suara:

"Meskipun tidak ada orang lain yang melihatmu… aku melihatnya. Aku tahu namamu. Aku mencintaimu."

Mata Hiroshi perih. Ia menutup aplikasinya.
Namun ada sesuatu yang tertinggal.

Malam itu, ketika hujan mengetuk jendela, dia berbisik keras untuk pertama kalinya dalam beberapa tahun:

"Yesus… jika Kau nyata… apa yang akan Kau lakukan jika Kau jadi aku?"

Jawabannya tidak keras.
Itu adalah bisikan dalam jiwanya: *"Aku akan diam. Aku akan membiarkan diriku ditemukan."*

Selama minggu-minggu berikutnya, Hiroshi melakukan pencarian. Membaca Kitab Suci secara diam-diam. Bergabung dengan kelompok Alkitab daring. Ia tidak tiba-tiba menjadi ekstrovert — tetapi ia berhenti berpura-pura baik-baik saja.

Ia mulai mengajukan pertanyaan yang lebih mendalam. Dan suatu hari, dalam sebuah ibadah daring yang sederhana, ia membisikkan doa penyerahan diri.

Tidak berisik. Tidak di depan umum.

Namun surga mendengarnya.

Refleksi WWJD

Apakah Yesus akan menunggu kita datang kepada-Nya — atau datang dan duduk dengan tenang di samping kita terlebih dahulu?

Afirmasi

"Bahkan dalam keheningan, aku terlihat. Bahkan di tengah keramaian, aku dikenal oleh Yesus."

Deklarasi Komitmen

Hari ini, aku berkomitmen untuk membuka hatiku kepada Dia yang benar-benar melihatku.

Rencana Aksi

Jangkau seseorang yang mungkin diam-diam terluka. Sebuah pesan. Sebuah panggilan. Sebuah doa. Hadirlah.

Doa

Yesus, aku bersyukur kepada-Mu karena aku tidak perlu berteriak agar terlihat. Engkau adalah Tuhan yang memperhatikan. Ketika dunia berlalu begitu saja, Engkau berhenti. Bantu aku melihat orang lain seperti Engkau melihatku. Dan ajari aku untuk beristirahat dalam kasih-Mu yang tenang. Amin.

Entri Jurnal

- Kapan saya merasa tidak terlihat — bahkan ketika dikelilingi orang lain?
- Bagaimana jadinya jika saya dikenal sepenuhnya dan dicintai sepenuhnya?
- Siapa yang mungkin diam-diam menunggu seseorang memperhatikan mereka?

Studi Kelompok / Pertanyaan Diskusi

1. Mengapa orang menyembunyikan rasa sakitnya — terutama dalam budaya yang menghargai kinerja atau kendali?
2. Apa saja cara kecil yang dapat kita lakukan untuk menunjukkan kehadiran Yesus bagi mereka yang merasa sendirian?
3. Bagaimana hal itu mengubah keadaan ketika kita tahu bahwa Yesus melihat kita, bahkan saat tidak ada seorang pun yang melihatnya?

Hari ke-16 – Ketika Kepatuhan Mengorbankan Segalanya

Kisah Tiongkok: "Li Mei dan Gereja Tersembunyi"

Fokus Kitab Suci

"Kita harus lebih taat kepada Allah dari pada kepada manusia!"
— Kisah Para Rasul 5:29 (NIV)

Ceritanya

Li Mei tidak pernah bermaksud menjadi pemimpin.
Ia adalah seorang guru sekolah yang bertutur kata lemah lembut di Guangzhou — penuh hormat, bertanggung jawab, dan jarang terlambat. Namun, ketika pendeta gereja bawah tanahnya ditangkap dalam operasi penggerebekan pemerintah, kelompok tersebut memintanya untuk turun tangan.

Dia ragu-ragu. "Saya tidak cukup berani."

Seorang penatua tersenyum. "Yesus tidak memanggil orang yang berani — Ia menjadikan orang yang bersedia menjadi berani."

Setiap Minggu pagi, mereka bertemu di lokasi yang berbeda: ruang tamu, atap, gudang kosong. Tidak ada tanda-tanda. Tidak ada nyanyian yang berbisik-bisik. Tidak ada siaran langsung. Tidak ada keamanan.

Tapi oh, hadirat Tuhan.

Li Mei mengajarkan Kitab Suci dengan tangan gemetar dan mata berbinar. Ia berdoa bagi orang sakit. Ia membaptis orang percaya baru di bak mandi.

Dan setiap hari, dia bertanya-tanya: *Bagaimana jika mereka menemukan kita? Bagaimana jika mereka menemukanku?*

Kemudian suatu malam, tepat setelah sesi ibadah yang tenang, teleponnya berdering.
Sebuah pesan dari seorang teman:

"Mereka tahu namamu."

Kelompok itu bubar tanpa suara. Dia berjalan pulang, Alkitabnya dibungkus kain, disembunyikan di dalam tasnya.

Malam itu, dia terjaga. Ketakutan berkecamuk bagai badai. Haruskah dia lari? Tetap diam? Memudar?

Dia membuka kitab Kisah Para Rasul. Gereja mula-mula. Api. Bahaya. Sukacita yang tak tergoyahkan.

Kemudian dia membisikkan pertanyaan yang menjadi jangkarnya:

"Yesus… apa yang akan Kau lakukan?"

Jawabannya naik seperti api:

"Saya akan patuh — tidak peduli berapa pun biayanya."

Air mata mengalir di wajahnya.

Dia tidak lari.

Minggu berikutnya, ruang tamunya penuh. Ia membaca Injil dengan berani dan lembut. Meskipun rasa takut masih menghantuinya, imannya bertahan lebih lama.

Refleksi WWJD

Akankah Yesus mundur saat terancam — atau tetap setia pada misi kasih?

Afirmasi

"Saya tidak akan takut dengan harga ketaatan — Yesus berharga bagi segalanya."

Deklarasi Komitmen

Hari ini, saya berkomitmen untuk menaati Yesus, bahkan ketika itu berisiko, tidak populer, atau sulit.

Rencana Aksi

Berdoalah bagi gereja yang teraniaya. Kemudian, lakukan satu tindakan iman yang kecil namun berani di lingkungan Anda sendiri.

Doa

Yesus, aku mengangkat saudara-saudariku yang mengikuti-Mu secara rahasia, dalam bahaya, dan dalam kegelapan. Berikanlah aku keberanian untuk menaati-Mu, apa pun risikonya. Kuatkanlah aku untuk berjalan dalam iman seperti Li Mei — teguh, tenang, dan berani. Amin.

Entri Jurnal

- Apa yang akan saya lakukan jika mengikuti Yesus berbahaya di negara saya?
- Ketakutan apakah yang telah saya biarkan menghentikan kepatuhan saya?
- Bagaimana Yesus memanggil saya ke tingkat kepercayaan yang lebih dalam saat ini?

Studi Kelompok / Pertanyaan Diskusi

1. Bagaimana kita dapat menghormati dan mendukung gereja yang teraniaya di seluruh dunia?
2. Apa contoh modern dari "menaati Tuhan daripada manusia" dalam konteks Anda?
3. Bagaimana keberanian Li Mei menantang perjalanan pribadi Anda bersama Kristus?

Hari ke-17 – Ketika Mengatakan Kebenaran Bisa Merugikan Anda

Kisah Rusia: "Nikolai dan Berita yang Tidak Ingin Didengar Siapapun"

Fokus Kitab Suci

"Berbicaralah untuk mereka yang tidak dapat berbicara untuk dirinya sendiri... Ya, berbicaralah untuk orang miskin dan tak berdaya, dan pastikan mereka mendapatkan keadilan."
— Amsal 31:8–9 (NLT)

Ceritanya

Nikolai telah bekerja sebagai jurnalis di Moskow selama lebih dari satu dekade.

Ia cerdas, berhati-hati, dan pandai berkata-kata. Ia tahu apa yang harus ditulis, apa yang tidak boleh ditulis, dan bagaimana menjaga perdamaian dengan editor, pejabat, dan kebenaran.

Namun, ketika sebuah cerita tentang hilangnya seorang pendeta lokal — ditahan karena "kegiatan keagamaan yang tidak sah" — mendarat di mejanya — ada sesuatu dalam dirinya yang retak.

Keluarga pria itu ketakutan. Gereja terdiam. Tidak ada yang melaporkannya.

Semua orang tahu alasannya.

Nikolai melihat foto-foto di mejanya — istrinya, putrinya. Sewa apartemennya. Lencana persnya. Masa depannya.

Jika dia menulis kebenaran, semuanya bisa lenyap.

Malam itu, ia berjalan di sepanjang Sungai Moskva, hatinya berat. Ia berdoa — dengan ragu-ragu.

"Yesus… jika Engkau jadi aku, apa yang akan Engkau lakukan?"

Akankah Yesus melindungi karier-Nya? Akankah Dia mengeditnya? Akankah Dia menerbitkan kisah-kisah yang aman dan menyebutnya sebagai hikmat?

Tidak.
Yesus mengatakan kebenaran kepada Pilatus. Yesus membela kaum tertindas. Yesus menyerahkan nyawanya bagi mereka yang tak bersuara.

Nikolai pulang dan menulis artikel itu. Setiap barisnya jujur. Setiap sumber dilindungi. Setiap kalimat diliputi bisikan doa.

Dia mengirimkannya secara anonim ke media internasional. Kisahnya pun menjadi viral.

Tiga hari kemudian, dia diinterogasi. Tidak ditahan — hanya diberi peringatan.

Namun, ada sesuatu yang berubah. Orang-orang mulai berbisik-bisik tentang pembebasan pendeta. Dukungan diam-diam terbentuk di sekitar keluarga.

Nikolai masih bekerja di bidang jurnalisme — tetapi sekarang dengan cara yang berbeda. Dengan hati-hati. Dengan doa. Dengan berani.

Dia belajar bahwa biaya diam lebih tinggi daripada risiko kebenaran.

Refleksi WWJD

Akankah Yesus tetap diam untuk menjaga perdamaian — atau mengatakan kebenaran untuk membebaskan para tawanan?

Afirmasi

"Saya tidak akan membiarkan rasa takut membungkam suara saya — Yesus adalah keberanian dan tujuan saya."

Deklarasi Komitmen

Hari ini, saya berkomitmen untuk mengatakan kebenaran dengan bijaksana, bahkan ketika itu tidak populer atau berbahaya.

Rencana Aksi

Berdoalah bagi seseorang yang mempertaruhkan hidup atau pekerjaannya demi menyampaikan kebenaran. Kemudian, ambillah satu sikap kecil untuk membela kebenaran di lingkungan Anda hari ini.

Doa

Yesus, berikanlah aku keberanian untuk mengatakan kebenaran — bukan untuk bersuara keras, tetapi untuk setia. Bantulah aku mengingat bahwa diam dalam menghadapi ketidakadilan bukanlah kenetralan, melainkan penyerahan diri. Biarkan hidupku memantulkan terang-Mu. Amin.

Entri Jurnal

- Di bagian mana dalam hidupku aku menghindari mengatakan kebenaran karena takut?
- Kisah atau tujuan apakah yang Tuhan minta agar saya perjuangkan?
- Bagaimana Yesus ingin saya menggunakan suara saya minggu ini?

Studi Kelompok / Pertanyaan Diskusi

1. Mengapa mengatakan kebenaran sering kali mahal dalam sistem yang tidak adil?
2. Bagaimana kita dapat menyeimbangkan keberanian dengan kebijaksanaan saat kita berbicara?
3. Seperti apa keberanian Kristen dalam profesi nonreligius?

Hari ke-18 – Saat Penyembuhan Berarti Menghadapi Rasa Sakit

Kisah Afrika Selatan: "Lerato dan Meja yang Memisahkan Mereka"

Fokus Kitab Suci

"Ia telah memberikan berita pendamaian ini kepada kami... Jadi kami adalah utusan-utusan Kristus; Allah menasihati kamu dengan perantaraan kami."
— 2 Korintus 5:19–20 (TB)

Ceritanya

Lerato bangga dengan dirinya sendiri — seorang pengacara, putri dari Afrika Selatan Baru, seorang penganut agama. Namun ada satu hal yang tampaknya tidak dapat ia hilangkan: kemarahan.

Kakeknya telah disiksa di bawah apartheid. Ibunya masih menyimpan rasa takut dalam tubuhnya. Pamannya, Sipho, tidak pernah berbicara tanpa nada getir dalam suaranya.

Dan sekarang, di usianya yang ke-29, Lerato diundang ke acara makan malam rekonsiliasi keluarga — yang diselenggarakan oleh sebuah LSM Kristen setempat — di mana keturunan korban dan pelaku akan makan, berdoa, dan berbincang.

"Aku tidak akan pergi," katanya kepada temannya. "Mengapa aku harus makan bersama mereka? Mengapa aku harus berpura-pura?"

Temannya terdiam sejenak. Lalu berkata:

"Apa yang akan Yesus lakukan — jika Dia jadi Anda?"

Pertanyaan itu menyakitkan.

Akankah Yesus mengabaikan ketidakadilan? Tidak. Akankah Dia memaafkan kejahatan? Tidak pernah. Namun, akankah Dia muncul, memecah-mecahkan roti, dan menyampaikan kebenaran dengan kasih — bahkan kepada musuh?

Ya.

Lerato pergi.

Makan malam itu menegangkan. Di seberangnya duduk Willem, seorang pria pendiam berusia 60-an. Ayahnya adalah seorang kepala polisi — yang terlibat langsung dalam penindasan brutal terhadap komunitasnya.

Willem menatap piringnya. Lalu akhirnya berkata, "Dosa-dosa ayahku menghantuiku. Aku masih kecil, tetapi aku telah menjalani seluruh hidupku untuk mencoba memperbaiki kerusakan itu."

Suara Lerato bergetar. "Keluargaku masih hidup dengan apa yang ayahmu lakukan."

Mereka menangis.

Dan kemudian — yang mengejutkannya sendiri — dia mengulurkan tangan ke seberang meja dan memegang tangannya.

"Saya memaafkanmu. Bukan karena itu mudah. Tapi karena Yesus mengampuni saya."

Malam itu, sesuatu berubah.

Bukan masa lalu.
Tapi kekuatan yang dimilikinya.

Refleksi WWJD

Akankah Yesus menghindari rasa sakit sejarah — atau masuk ke dalamnya untuk membawa kesembuhan?

Afirmasi

"Saya bukan tawanan masa lalu saya — saya adalah duta kesembuhan Kristus."

Deklarasi Komitmen

Hari ini, saya memilih rekonsiliasi — bahkan ketika pengampunan terasa tidak pantas.

Rencana Aksi

Hubungi seseorang yang memiliki kisah yang belum terselesaikan dengan Anda. Mulailah dengan doa. Jika memungkinkan, mulailah percakapan.

Doa

Yesus, Engkau datang ke dalam kehancuran untuk membawa kedamaian. Bantulah aku melakukan hal yang sama. Ajari aku untuk mendengarkan, mengampuni, dan membangun kembali

— bukan dari kekuatanku sendiri, tetapi dari kekuatan-Mu. Gunakan hidupku untuk menyembuhkan luka-luka yang telah terjadi turun-temurun. Amin.

Entri Jurnal

- Siapa atau apa yang masih saya tahan dalam penjara ketidakmauan untuk memaafkan?
- Bagaimana Yesus ingin saya berinteraksi dengan mereka yang berada di "sisi lain" dari penderitaan?
- Seperti apa rekonsiliasi bagi saya saat ini?

Studi Kelompok / Pertanyaan Diskusi

1. Mengapa memaafkan begitu sulit jika rasa sakitnya bersifat turun-temurun?
2. Apa perbedaan antara rekonsiliasi dan melupakan masa lalu?
3. Bagaimana kelompok atau gereja kita dapat menjadi tempat yang aman untuk penyembuhan sejati?

Hari ke-19 – Ketika Iman Adalah Api yang Tenang

Kisah Mesir: "Miriam dan Salib di Bawah Kerahnya"

Fokus Kitab Suci

"Demikianlah hendaknya terangmu bercahaya di depan orang lain, supaya mereka melihat perbuatanmu yang baik dan memuliakan Bapamu yang di surga."
— Matius 5:16 (TB)

Ceritanya

Miriam adalah mahasiswa teknik tahun kedua di sebuah universitas ternama di Kairo.
Lahir dalam keluarga Kristen Koptik, ia tumbuh dikelilingi oleh ikon, lilin, dan bisikan doa dalam bahasa Arab dan Koptik. Ia hafal doa-doa tersebut. Ia mencintai Yesus.
Namun di sekolah... ia tetap diam.

Bukan karena dia malu.
Tapi karena dia takut.

Dia mengenakan salib di balik kerah bajunya. Dia berdoa dalam hati di sela-sela kuliah. Namun, dia tidak pernah berbicara tentang imannya secara terbuka. Tidak di sini. Tidak di tempat di mana dia bisa diejek, dikucilkan, atau lebih buruk lagi.

Suatu hari di kelas filsafat, profesor mengajukan pertanyaan:

"Mengapa orang masih percaya pada satu Tuhan di era ilmiah?"

Bisik-bisik memenuhi ruangan. Tawa. Komentar-komentar meremehkan. Kemudian profesor menoleh ke Miriam.

"Kau—kau memakai kalung itu, ya?"
Tangannya secara naluriah meraih kerah bajunya. "Aku… ya," katanya pelan.

"Apa katamu?"

Ruangan itu menjadi sunyi. Pipinya memerah karena panas. Jantungnya berdebar kencang.

Dia punya dua pilihan.

Tetap aman. Atau berdiri.

Dia membisikkan sebuah doa: *"Yesus… apa yang akan Kau lakukan?"*

Dan jawabannya datang dengan lembut, namun jelas: *Saya tidak akan bersembunyi.*

Dia menarik napas.

"Saya percaya pada satu Tuhan karena saya telah bertemu dengan-Nya. Dia telah mengubah hidup saya. Dia memberi saya kedamaian yang tidak dapat dijelaskan oleh seorang profesor pun. Namanya adalah Yesus."

Keheningan makin dalam.

Dan kemudian, yang mengejutkannya — beberapa kepala mengangguk. Seorang gadis tersenyum.

Setelah kelas, seorang teman sekelas Muslim diam-diam mendekatinya dan berkata, "Terima kasih. Kamu pemberani.

Aku ingin bertanya… tetapi aku tidak tahu siapa yang bisa kupercaya."

Malam itu, Miriam berjalan pulang, salibnya masih terselip di kerah bajunya — tetapi imannya kini menyala melalui keberaniannya.

Refleksi WWJD

Akankah Yesus menyembunyikan identitas-Nya agar tetap aman — atau bersinar dengan anggun, bahkan jika itu mengorbankan-Nya?

Afirmasi

"Iman saya bukanlah sebuah rahasia — itu adalah terang yang dibutuhkan dunia."

Deklarasi Komitmen

Hari ini, aku berkomitmen untuk membiarkan imanku terlihat — dengan keanggunan, kebijaksanaan, dan keberanian.

Rencana Aksi

Kenakan, bagikan, atau sampaikan iman Anda dengan satu cara hari ini — meskipun itu hal kecil. Biarkan Yesus terlihat.

Doa

Yesus, bantulah aku agar tidak menyembunyikan terang yang telah Kau tempatkan dalam diriku. Berikanlah aku keberanian dan kebijaksanaan untuk berbicara ketika Kau mendorongku, dan untuk hidup dengan cara yang memuliakan-Mu. Biarkan imanku yang tenang menjadi menular. Amin.

Entri Jurnal

- Kapan saya tergoda menyembunyikan iman saya agar tetap nyaman?
- Ruang manakah dalam hidupku di mana Yesus memintaku untuk lebih terlihat bagi-Nya?
- Bagaimana aku bisa membiarkan cahayaku bersinar — tidak terlalu keras, tetapi jelas?

Studi Kelompok / Pertanyaan Diskusi

1. Mengapa terkadang lebih mudah untuk tetap diam tentang iman kita?
2. Bagaimana kita dapat menghargai kepekaan budaya sambil tetap berbagi tentang Yesus?
3. Apa saja cara kecil namun ampuh yang dapat kita lakukan untuk mencerminkan Yesus di lingkungan yang sulit?

Hari ke-20 – Ketika Kebenaran Menyinggung Orang-orang Anda Sendiri

Kisah Kenya: "Daniel dan Meja yang Terbagi"

Fokus Kitab Suci

"Lakukanlah apa yang benar, cintailah kesetiaan, dan hiduplah dengan rendah hati di hadapan Allahmu."
— Mikha 6:8 (NLT)

Ceritanya

Daniel adalah bintang yang sedang naik daun di kancah politik Nairobi.
Di usianya yang baru 34 tahun, ia telah menjadi penasihat yang disegani bagi seorang pejabat pemerintah terkemuka. Ia pandai berbicara, tenang, dan teguh dalam iman Kristennya — perpaduan yang langka dalam lingkungan yang tidak stabil.

Namun tugas terakhirnya membuat perutnya melilit.

Atasannya, seorang pemimpin daerah yang kuat, ingin mendorong kontrak pembangunan — kontrak yang sangat menguntungkan kelompok etnis mereka sendiri dan secara diam-diam memangkas sumber daya dari suku pesaing.

"Ini bukan masalah pribadi," kata pejabat itu. "Hanya seperti itulah permainannya."

Daniel tahu apa yang diharapkan. Tetaplah setia. Tandatangani kebijakan. Buat para tetua suku senang.

Tetapi ada sesuatu dalam dirinya yang memberontak.

Malam itu, ia duduk sendirian di apartemennya dengan secangkir teh dingin dan hati nuraninya bergejolak.
Ia membuka Alkitabnya. Mikha 6:8 menatapnya.

"Lakukan apa yang benar…"

Bukan *apa yang mudah* .
Bukan *apa yang diharapkan oleh suku Anda* .
Bukan *apa yang menjamin karier Anda* .
Tepat saja.

Ia berdoa, "Yesus, apa yang akan Engkau lakukan — jika Engkau jadi aku?"

Dan jawabannya menghilang begitu saja: *Anda akan melakukan apa yang benar, tidak peduli siapa yang melihat.*

Keesokan paginya, Daniel menyerahkan laporan yang telah direvisi — yang menegakkan keadilan bagi semua komunitas. Tidak ada pilih kasih. Tidak ada upaya menutup-nutupi.

Dampaknya cepat.

Ia kehilangan dukungan politik. Pintu-pintu tertentu ditutup. Sekutu-sekutu lama menjauhkan diri.

Namun ada hal lain yang terjadi juga.

Seorang anggota parlemen yang lebih muda meneleponnya.

"Anda tidak mengenal saya," katanya. "Tetapi saya melihat laporan Anda. Anda memberi saya keberanian untuk berbicara."

Daniel tersenyum. Dia tidak memiliki kekuatan seperti dulu — tetapi dia memiliki kedamaian.

Refleksi WWJD

Akankah Yesus melindungi umat-Nya sendiri dengan mengorbankan orang lain — atau membela apa yang benar, tanpa memandang suku atau politik?

Afirmasi

"Saya mengikuti kebenaran, bukan kesukuan. Saya milik Kristus sebelum kelompok manusia mana pun."

Deklarasi Komitmen

Hari ini, saya berkomitmen untuk melakukan apa yang benar — bahkan jika itu mengorbankan pengaruh atau persetujuan saya.

Rencana Aksi

Identifikasi satu area di mana bias atau favoritisme telah menyusup. Pilih untuk berbicara atau bertindak demi keadilan — bahkan secara diam-diam.

Doa

Yesus, berikanlah aku keberanian untuk memilih kebenaran daripada kesukuan, keadilan daripada politik, dan kasih daripada kekuasaan. Bantulah aku untuk lebih setia kepada-Mu. Biarkan kepemimpinanku mencerminkan kerajaan-Mu — bukan perpecahan manusia. Amin.

Entri Jurnal

- Di mana saya tergoda untuk melindungi diri saya sendiri dengan mengorbankan orang lain?
- Apa artinya menjadi pemimpin yang berpusat pada Kristus dalam budaya yang terpecah?
- Apa yang akan Yesus lakukan dengan pengaruh yang saya miliki saat ini?

Studi Kelompok / Pertanyaan Diskusi

1. Mengapa begitu sulit melawan kelompok, suku, atau tradisi Anda?
2. Bagaimana para pemimpin Kristen dapat menentang ketidakadilan tanpa menimbulkan pelanggaran yang tidak perlu?
3. Berapa biaya yang dikeluarkan untuk "melakukan hal yang benar" — dan apa yang berubah karenanya?

Hari ke-21 – Ketika Kegembiraan Menjadi Perlawanan Anda

Kisah Sudan: "Amina dan Lagu yang Takkan Pernah Mati"

Fokus Kitab Suci

"Bersukacitalah senantiasa. Jangan berhenti berdoa. Bersyukurlah dalam segala hal,
sebab itulah yang dikehendaki Allah bagi kamu yang ada di dalam Kristus Yesus."
— 1 Tesalonika 5:16–18 (TB)

Ceritanya

Amina baru berusia 19 tahun ketika dia dipaksa meninggalkan desanya di Kordofan Selatan.

Keluarganya telah mengikuti Yesus secara rahasia selama bertahun-tahun. Namun ketika milisi setempat mulai menargetkan orang-orang percaya, mereka melarikan diri ke utara — menetap di kamp pengungsi internal (IDP) yang penuh sesak di Sudan.

Kehidupan di kamp itu keras. Tidak ada air bersih. Makanan terbatas. Pengawasan terus-menerus.

Namun Amina tidak pernah kehilangan senyumnya.

Setiap pagi, ia bernyanyi. Dengan lembut. Dengan gembira. Lagu-lagu tentang Yesus, yang dipelajarinya dalam pertemuan-pertemuan di rumah. Suaranya, meskipun pelan, menembus keputusasaan seperti sinar matahari menembus awan badai.

Wanita lain mulai berkumpul. Pertama dua. Kemudian tujuh. Kemudian dua puluh.

Mereka tidak berteriak. Mereka tidak protes.

Mereka beribadah.

Suatu hari, seorang penjaga datang mendekat. "Berhenti bernyanyi," bentaknya.

Amina berdiri perlahan. Matanya penuh kedamaian. "Aku tidak bisa," katanya lembut. "Bahkan jika aku diam, hatiku masih bernyanyi."

Penjaga itu menatap… lalu berjalan pergi.

Malam itu, seseorang menyelipkan catatan ke dalam tendanya:

"Saya ingin tahu Yesus yang kau nyanyikan. Bisakah kita bicara?"

Kegembiraannya telah membuka pintu yang tidak dapat dibuka oleh khotbah.

Dia tidak punya apa-apa. Tidak ada mimbar. Tidak ada internet. Tidak ada gereja yang aman.

Namun dia memiliki suaranya. Dan dia memberikannya kepada Yesus.

Refleksi WWJD

Akankah Yesus mundur karena takut — atau membiarkan sukacita menjadi perlawanan-Nya?

Afirmasi

"Ibadahku adalah senjataku. Kegembiraanku adalah pendirianku."

Deklarasi Komitmen

Hari ini, saya memilih sukacita — bukan karena hidup ini mudah, tetapi karena Yesus bersama saya.

Rencana Aksi

Beribadahlah hari ini — dengan suara keras atau dalam hati — terutama jika Anda merasa tertekan. Biarkan sukacita berbicara di mana kata-kata tidak dapat mengungkapkannya.

Doa

Yesus, terima kasih atas sukacita yang tidak dapat direnggut oleh musuh mana pun. Bantu aku bernyanyi saat aku merasa lemah, menyembah saat aku merasa takut, dan tersenyum saat dunia mengatakan aku tidak boleh melakukannya. Gunakan sukacitaku untuk menerangi tempat-tempat yang gelap. Amin.

Entri Jurnal

- Bagaimana jadinya jika saya "bernyanyi" di tempat yang sulit?
- Di mana ketakutan telah membungkam kegembiraanku?

- Siapakah yang mungkin tertarik kepada Yesus melalui cara saya membawa kehadiran-Nya?

Studi Kelompok / Pertanyaan Diskusi

1. Bagaimana kegembiraan berbeda dari kebahagiaan? Mengapa kegembiraan memiliki pengaruh besar dalam penderitaan?
2. Seperti apa wujud perlawanan yang penuh sukacita dalam kehidupan atau konteks Anda?
3. Bagaimana kelompok Anda dapat menumbuhkan budaya iman yang penuh sukacita, apa pun kondisinya?

Hari ke-22 – Ketika Iman Terasa Seperti Pekerjaan

Kisah Korea Selatan: "Ji-hoon dan Irama yang Menghancurkannya"

Fokus Kitab Suci

"Datanglah kepada-Ku, semua yang letih lesu dan berbeban berat, Aku akan memberikan kelegaan kepadamu."
— Matius 11:28 (NIV)

Ceritanya

Ji-hoon adalah seorang penabuh drum di salah satu gereja besar di Seoul.
Ia berbakat, teliti, dan bersemangat — seorang favorit dalam pelayanan penyembahan. Setiap hari Minggu, lampu menyala, sistem suara meraung, dan Ji-hoon menjaga ketukan di balik pelindung drum yang transparan.

Semua orang mengira dia berkembang pesat.

Namun Ji-hoon sedang hancur.

Dia tidak pernah merayakan Sabat yang sesungguhnya selama lebih dari 8 bulan. Latihan. Perkemahan pemuda. Konferensi. Sesi rekaman. Dia tersenyum ketika orang berkata, "Kamu sangat diurapi." Namun di dalam hatinya? Dia merasa hampa.

Dulu ia bermain karena ia mencintai Yesus.
Sekarang ia bermain karena orang-orang mengharapkannya.

Suatu malam, setelah sesi panjang selama kebaktian penyembahan, ia duduk sendirian di ruang hijau. Tangannya gemetar. Jantungnya terasa mati rasa. Ia membuka teleponnya dan mengetik pesan kepada pemimpin penyembahan:

"Saya pikir saya harus mengundurkan diri."

Namun ibu jarinya masih melayang.

Apakah mereka akan menganggapnya lemah? Malas? Tidak rohani?

Dia malah membuka aplikasi Alkitabnya — hampir secara tidak sengaja — dan sebuah ayat muncul di layar:

"Datanglah kepada-Ku… dan Aku akan memberimu istirahat."

Dia mulai menangis.

Dia berbisik sambil menangis:

"Yesus… apa yang akan Kau lakukan — jika Kau jadi aku?"

Jawabannya datang sebagai kedamaian, bukan tekanan.
Saya akan mundur. Saya akan bersama Bapa. Saya akan beristirahat.

Ji-hoon mengirim pesan.

Sutradaranya mengejutkannya:

"Bangga padamu karena mendengarkan Roh Kudus. Mari kita lalui ini bersama-sama."

Selama beberapa bulan berikutnya, Ji-hoon tidak bermain, tidak memposting, tidak tampil.

Hanya jalan-jalan santai. Doa yang dalam. Ibadah yang lembut.

Dan di suatu tempat dalam keheningan, ia menemukan ritmenya lagi — bukan untuk panggung, tetapi untuk jiwanya.

Refleksi WWJD

Akankah Yesus tetap melayani jika jiwanya kosong — atau mundur untuk diperbarui?

Afirmasi

"Saya tidak dicintai karena apa yang saya lakukan — saya dicintai karena siapa saya."

Deklarasi Komitmen

Hari ini, saya memilih keintiman dengan Yesus daripada tampil untuk orang lain.

Rencana Aksi

Periksa satu area dalam hidup Anda yang membuat Anda kehabisan tenaga. Ciptakan ruang untuk diam. Katakan tidak jika perlu.

Doa

Yesus, aku lelah tampil. Ajari aku untuk datang kepada-Mu, bukan hanya melayani-Mu. Bantu aku beristirahat, mengisi ulang tenaga, dan berjalan sesuai dengan kecepatan kasih karunia. Aku ingin beribadah dengan limpahan, bukan karena kewajiban. Amin.

Entri Jurnal

- Di mana saya mencampuradukkan aktivitas rohani dengan hubungan dengan Yesus?
- Bagaimana jadinya jika beribadah tanpa tekanan?
- Ritme apa dalam hidup saya yang perlu diserahkan atau dibentuk ulang?

Studi Kelompok / Pertanyaan Diskusi

1. Mengapa kelelahan umum terjadi dalam pelayanan gereja, khususnya di kalangan pekerja kreatif?
2. Bagaimana kita dapat menciptakan lingkungan di mana istirahat dan pembaruan menjadi hal yang normal?
3. Apa artinya mengikuti Yesus sesuai dengan *langkah -Nya* , bukan hanya sesuai *dengan tujuan -Nya* ?

Hari ke-23 – Ketika Iman Dapat Merenggut Nyawa Anda

Kisah Korea Utara: "Sun-mi dan Bisikan Kata"

Fokus Kitab Suci

"Mereka tidak mengasihi nyawa mereka sehingga mereka takut mati."
— Wahyu 12:11 (NLT)

Ceritanya

Sun-mi berusia 16 tahun.
Ia tinggal di desa perbatasan terpencil di Korea Utara, dekat perbatasan Cina. Bagi dunia luar, ia penurut, pendiam, dan tak terlihat. Bagi guru-gurunya, ia adalah murid teladan. Bagi tetangganya, ia hanyalah gadis biasa dari keluarga yang setia.

Namun Sun-mi menyimpan rahasia yang sangat berbahaya hingga bisa merenggut nyawa seluruh keluarganya.

Orangtuanya beragama Kristen.

Dia tidak pernah melihat gereja.
Tidak pernah memegang Alkitab lengkap. Tidak pernah berdoa dengan suara keras di depan umum.

Namun setiap Jumat malam, tepat sebelum tengah malam, ayahnya akan mengangkat papan lantai dan membuka bungkus buku tipis dan lusuh — halaman-halamannya disalin tangan dari generasi ke generasi.

Mereka membaca dengan berbisik.
Mereka berdoa dengan mata tertutup dan tangan gemetar.
Mereka beribadah tanpa musik — hanya kenangan.

Sun-mi sering bertanya pada dirinya sendiri, *"Mengapa kita tidak berhenti?"*

Suatu malam, setelah ayah seorang teman ditangkap oleh pihak berwenang karena "perilaku yang meragukan," Sun-mi bertanya kepada ayahnya:

"Apa yang akan Yesus lakukan — jika Dia tinggal di sini?"

Dia menatapnya, matanya penuh air mata.

"Dia tetap mengasihi. Tetap berbicara kebenaran. Tetap memikul salib — meskipun tidak seorang pun melihat-Nya melakukannya."

Jumat itu, mereka membaca Wahyu 2:10:

"Jangan takut terhadap apa yang akan kau derita… Setialah, bahkan sampai mati."

Sun-mi menuliskannya.
Melipatnya. Dan menyembunyikannya di dalam sepatunya.

Beberapa minggu kemudian, selama pemeriksaan rutin, rumahnya digeledah. Papan lantai diganggu — tetapi tidak diangkat. Buku itu tidak tersentuh.

Malam itu mereka beribadah lagi.

Sun-mi membisikkan doanya:

"Yesus, aku tidak akan berisik. Tapi aku akan menjadi milik-Mu."

Refleksi WWJD

Akankah Yesus membungkam kasih-Nya agar tetap aman — atau membiarkannya bersinar, bahkan ketika harus bersinar secara rahasia?

Afirmasi

"Imanku mungkin tersembunyi — tapi hatiku sepenuhnya milik-Nya."

Deklarasi Komitmen

Hari ini, saya menghormati mereka yang menderita demi Yesus, dan saya berkomitmen pada keberanian — dalam kebebasan atau dalam api.

Rencana Aksi

Berdoalah untuk orang percaya yang dianiaya hari ini. Pertimbangkan kebebasan apa yang selama ini Anda anggap remeh — dan jalani dengan lebih berani.

Doa

Yesus, aku mengangkat Sun-mi dan jutaan orang seperti dia yang mengikuti-Mu secara rahasia, dalam bahaya, dalam keheningan. Jadikanlah aku seberani mereka. Semoga penyembahanku lantang — tidak hanya dalam volume, tetapi dalam pengabdian. Dan semoga aku tidak pernah malu akan nama-Mu. Amin.

Entri Jurnal

- Bagaimana jika saya tinggal di tempat di mana memiliki Alkitab merupakan kejahatan — apakah saya masih akan mengikuti Yesus?
- Seperti apa keberanian dalam budaya kebebasan saya?
- Bagaimana saya dapat hidup dengan cara yang menghormati keberanian orang-orang percaya yang dianiaya?

Studi Kelompok / Pertanyaan Diskusi

1. Apa artinya menderita bagi Kristus di dunia saat ini?
2. Bagaimana kita dapat mendukung gereja yang teraniaya dengan cara yang praktis dan rohani?
3. Bagaimana rasanya beribadah dan bersaksi dengan lebih berani dalam konteks kita sendiri?

Hari ke-24 – Ketika Semua Orang Melakukannya

Kisah Ghana: "Kwame dan Amplop yang Tidak Diambilnya"

Fokus Kitab Suci

"Lebih baik memiliki sedikit tetapi disertai kesalehan, dari pada menjadi kaya tetapi tidak jujur."
— Amsal 16:8 (NLT)

Ceritanya

Kwame adalah mahasiswa termuda yang pernah terpilih sebagai presiden serikat mahasiswa di Universitas Ghana, Legon.
Cerdas. Berkarisma. Berani. Dan, yang terpenting baginya — seorang pengikut Kristus.

Ia berkampanye tentang integritas. Transparansi. Kepemimpinan melalui keteladanan.

Namun segera setelah kemenangannya, kenyataan mulai terlihat.

Pada pertemuan anggaran pertama, seorang pria berpakaian rapi berusia 40-an — seorang alumni dan sponsor politik — menariknya ke samping sambil tersenyum dan berkata:

"Kamu melakukannya dengan baik. Nah, ini sesuatu yang kecil untuk membantu agar semuanya tetap berjalan."

Dia menyerahkan sebuah amplop kepadanya.

Kwame ragu-ragu. Ia tidak membukanya, tetapi ia bisa merasakan beratnya — tebal, berat, dan disengaja.

"Itu hanya bentuk apresiasi," imbuh pria itu santai. "Sekarang kau salah satu dari kami. Jangan buat kami terlihat buruk."

Kwame tersenyum sopan. Mengangguk. Berjalan keluar.

Namun dadanya terasa panas.

Malam itu, ia duduk dalam keheningan asramanya. Amplop itu masih belum dibuka di atas meja. Ponselnya bergetar — pesan ucapan selamat dari teman-teman, pengingat dari tim persekutuan kampus, sebuah renungan pop-up di layarnya:

"Apa gunanya mendapatkan seluruh dunia, tetapi kehilangan jiwamu?"

Dia menarik napas. Lalu berbisik:

"Yesus… apa yang akan Kau lakukan?"

Dia sudah tahu.

Dia mengembalikan amplop itu keesokan harinya. Di dalamnya, ada catatan:

"Dengan segala hormat, saya tidak bisa menerima apa yang tidak saya peroleh. Saya melayani mahasiswa, bukan sistem."

Ada yang menyebutnya naif. Yang lain menyebutnya pemberani. Namun banyak yang... terinspirasi.

Dan ketika pemilihan kampus diadakan tahun berikutnya, lebih banyak kandidat mencalonkan diri atas dasar kebenaran

— karena Kwame telah membuktikan bahwa hal itu mungkin.

Refleksi WWJD

Akankah Yesus mengambil apa yang ditawarkan secara rahasia — atau menyinari sistem tersebut?

Afirmasi

"Integritas saya lebih berharga daripada kesempatan."

Deklarasi Komitmen

Hari ini, saya memilih karakter daripada kompromi — bahkan ketika tidak ada seorang pun yang melihat.

Rencana Aksi

Katakan tidak pada satu kompromi "kecil" hari ini. Ucapkan "ya" sekeras-kerasnya kepada Yesus.

Doa

Tuhan Yesus, terima kasih telah menunjukkan kepadaku bahwa kesetiaan dalam hal-hal kecil itu penting. Berikanlah aku keberanian untuk berjalan dalam integritas ketika akan lebih mudah untuk mengambil jalan pintas. Biarkan pilihan-pilihanku mencerminkan Engkau, bukan hanya gelarku. Amin.

Entri Jurnal

- Pernahkah saya tergoda untuk mengambil sesuatu karena "semua orang melakukannya"?
- Seperti apa integritas yang tak kenal kompromi dalam kepemimpinan atau pengaruh saya?
- Bagaimana saya dapat memberi inspirasi kepada orang lain agar mendukung saya demi kebenaran?

Studi Kelompok / Pertanyaan Diskusi

1. Apa saja "amplop" umum yang dihadapi orang-orang di lingkungan Anda?
2. Mengapa begitu sulit untuk mengatakan tidak pada kompromi kecil?
3. Bagaimana kita dapat membangun budaya keberanian di kalangan pemuda dan pemimpin Kristen?

Hari ke-25 – Ketika Memaafkan Terasa Mustahil

Kisah Rwanda: "Nadège dan Putra Pria yang Membunuh Ayahnya"

Fokus Kitab Suci

"Berilah toleransi atas kesalahan orang lain, dan ampunilah orang yang bersalah kepadamu.
Ingatlah, bahwa Tuhan telah mengampuni kamu, jadi kamu pun harus mengampuni orang lain."
— Kolose 3:13 (NLT)

Ceritanya

Nadège tidak pernah bertemu ayahnya.
Ayahnya terbunuh dalam genosida tahun 1994 — saat ia masih dalam kandungan ibunya.

Ia tumbuh besar dengan cerita, bukan kenangan. Foto, bukan pelukan. Ibunya menanggung rasa sakit itu dengan tenang, seperti banyak orang di Rwanda pasca-genosida: dengan martabat, keheningan, dan mata lelah.

Di sekolah, Nadège berprestasi. Di gereja, dia tersenyum.
Namun, jauh di lubuk hatinya, api yang tenang menyala.
Mengapa saya harus memaafkan apa yang mereka lakukan?
Mengapa saya harus melepaskan apa yang tidak pernah saya minta?

Pada usia 26 tahun, ia diundang ke **dialog rekonsiliasi** — sebuah pertemuan di mana anak-anak korban dan pelaku berbagi cerita, berduka, dan berdoa.

Dia hampir tidak pergi.

Namun ada sesuatu yang menariknya. Bisikan: *"Ini bukan tentang mereka. Ini tentang aku dan kamu."*

Di pertemuan itu, orang-orang menangis, gemetar, hancur. Lalu tibalah saat yang tidak diharapkannya.

Seorang pemuda bernama Jean-Pierre berdiri dan berkata,

“Ayah saya adalah anggota milisi. Dia mengaku telah membunuh beberapa orang… termasuk seorang pria bernama Emmanuel — di lingkungan ini.”

Napas Nadège tercekat.

Itu nama ayahnya.

Suara Jean-Pierre bergetar:

“Saya menanggung malu yang tidak saya perbuat. Namun, saya ingin mengatakan ini — jika keluarga Anda terluka karena kesalahan saya, saya turut berduka cita.”

Kesunyian.

Lalu gerakan.

Nadège berdiri. Berjalan mendekat. Dan memeluknya.

"Aku memaafkanmu," bisiknya. "Yesus telah mengampuniku. Aku tidak punya hak untuk menahan apa yang telah diberikan kepadaku."

Ruangannya rusak.

Dia menangis.

Dan sesuatu yang lebih dalam dari keadilan dimulai — penyembuhan.

Refleksi WWJD

Akankah Yesus menuntut balasan — atau menjadi jembatan antara penderitaan dan kedamaian?

Afirmasi

"Masa laluku mungkin membentuk diriku, tetapi Yesus membebaskanku."

Deklarasi Komitmen

Hari ini, saya memilih untuk memaafkan — bukan karena mereka pantas menerimanya, tetapi karena Yesus telah mengampuni saya.

Rencana Aksi

Sebutkan satu orang, keluarga, atau kenangan yang membutuhkan pengampunan. Berdoalah dengan jujur. Kemudian ambil satu langkah — pesan, doa, entri jurnal.

Doa

Yesus, bantulah aku memaafkan apa yang terasa tak termaafkan. Putuskan siklus kemarahan dan kesunyian dalam diriku. Biarkan aku menjadi suara penyembuhan di generasiku. Gunakan rasa sakitku sebagai pintu gerbang menuju kedamaian. Amin.

Entri Jurnal

- Siapakah yang selama ini diam-diam aku benci?
- Apa yang perlu saya lakukan agar bisa sembuh?
- Bagaimana Yesus meminta saya untuk melepaskan sehingga saya bisa benar-benar hidup?

Studi Kelompok / Pertanyaan Diskusi

1. Mengapa memaafkan begitu sulit jika lukanya sudah turun temurun?
2. Apa yang terjadi jika kita memaafkan seseorang yang belum "memperolehnya"?
3. Bagaimana kita bisa menjadi jembatan untuk rekonsiliasi di komunitas kita?

Hari ke-26 – Ketika Cinta Melintasi Batas

Kisah Nigeria: "Michael dan Fatima di Pagar"

Fokus Kitab Suci

"Kasihilah musuhmu, berbuat baiklah kepada orang yang membencimu, memberkati orang yang mengutukmu, dan berdoalah bagi orang yang menyakitimu."
— Lukas 6:27–28 (NLT)

Ceritanya

Michael tinggal di Jos, Negara Bagian Plateau.
Ia seorang Kristen — kuat imannya, aktif dalam pelayanan pemuda, dan bersemangat tentang negaranya. Fatima tinggal di sebelah rumahnya. Seorang Muslim yang pendiam dan taat, sering terlihat mengenakan jilbab biru lembut dan berjalan ke kelas Al-Qur'an bersama adik laki-lakinya.

Mereka saling menyapa dengan sopan, sebagaimana yang dilakukan tetangga.

Namun di kota mereka — yang terbagi oleh kenangan, ketidakpercayaan, dan kekerasan di masa lalu — "sopan" adalah hal yang paling tidak bisa diterima.

Suatu sore, saat ketegangan meningkat setelah bentrokan politik antara kelompok-kelompok berbasis agama, rumor beredar. Jam malam diberlakukan. Ketakutan membara di bawah permukaan.

Pendeta Michael berkata di persekutuan pemuda:

"Berdoalah. Tapi jangan terlalu mudah percaya."

Malam itu, Michael mendengar teriakan dari sebelah. Lalu terdengar suara kaca pecah. Sekelompok preman muda melompati pagar rumah keluarga Fatima, meneriakkan tuduhan dan ancaman.

Tanpa berpikir panjang, Michael meraih senternya dan berlari keluar.

Dia mendapati Fatima berjongkok di dekat gerbang belakang, melindungi adik laki-lakinya.

Mereka saling bertatapan.

Dia berbisik, "Ayo — sekarang!"

Dia menuntun mereka melalui gerbang samping ke rumahnya. Mengunci pintu. Menyembunyikan mereka di ruang belakang. Keluarganya menatap dengan diam tercengang.

"Mereka adalah tetangga kita," katanya. "Dan Yesus berkata kasihilah sesamamu. Itu termasuk momen ini."

Malam telah berlalu. Ancaman itu pun memudar.

Pagi harinya, ayah Fatima menjabat tangan Michael. Adik laki-lakinya tersenyum. Fatima tidak banyak bicara — hanya menatap matanya dan berbisik,

"Saya tidak tahu kalau orang-orang Yesus melakukan hal-hal seperti ini."

Michael tersenyum lembut.

"Sekarang kamu tahu."

Refleksi WWJD

Apakah Yesus hanya akan melindungi umat pilihan-Nya sendiri — atau menyerahkan nyawa-Nya untuk semua orang?

Afirmasi

"Saya dipanggil untuk mencintai — bukan dengan rasa takut, tetapi dengan belas kasih yang tak kenal takut."

Deklarasi Komitmen

Hari ini, saya memilih menjadi jembatan, bukan penghalang. Pembawa perdamaian, bukan partisan.

Rencana Aksi

Berdoalah untuk seseorang yang berbeda keyakinan, suku, atau kelompok. Jangkaulah dengan kebaikan, tanpa ada maksud tertentu.

Doa

Yesus, Engkau telah merobohkan setiap tembok dengan kasih-Mu. Bantulah aku melakukan hal yang sama. Pulihkan negeri kami. Pulihkan hati kami. Biarkan tindakanku berbicara lebih keras daripada prasangka, ketakutan, atau kesombongan. Jadikanlah aku bejana perdamaian. Amin.

Entri Jurnal

- Siapakah yang selama ini saya takut atau ragu untuk cintai?
- Apa yang akan Yesus lakukan jika Dia ditempatkan di antara dua kelompok yang terbagi?
- Bagaimana saya bisa menjadi pembawa damai di jalan, sekolah, atau kota saya?

Studi Kelompok / Pertanyaan Diskusi

1. Bagaimana kita menghayati cinta radikal di masyarakat yang terpecah?
2. Apa perbedaan antara toleransi dan kasih seperti Kristus?
3. Bagaimana kita dapat membela kebenaran tanpa menutup hati kita terhadap orang lain?

Hari ke-27 – Saat Anda Ingin Kabur dari Rumah

Kisah Filipina: "Joanna dan Nasi Kecil yang Dimilikinya"

Fokus Kitab Suci

"Hormatilah ayahmu dan ibumu... supaya kamu berbahagia dan panjang umur di bumi."
— Efesus 6:2–3 (NIV)

Ceritanya

Joanna berusia 17 tahun dan sudah muak dengan semuanya. Bosan tinggal di rumah yang penuh sesak di Quezon City. Bosan mendengar orang tuanya bertengkar soal tagihan. Bosan membolos sekolah untuk mengasuh adik-adiknya. Bosan berpura-pura semuanya baik-baik saja.

Dia mencintai Yesus. Dia pergi ke kelompok pemuda. Dia bahkan memimpin doa di kelompok Alkitab komunitas kecil mereka. Namun, di dalam hatinya, dia tenggelam.

Suatu hari, setelah terjadi adu teriak antara kedua orangtuanya, dia duduk di belakang toko kelontong kecil milik mereka, menatap layar ponselnya yang retak.

Sebuah pesan dari seorang teman muncul:

"Saya bisa bertanya kepada sepupu saya di Dubai apakah dia bisa membantu Anda mendapatkan visa. Anda pintar. Anda tidak pantas berada di sini."

Joanna terdiam. Kata itu — *"milik"* — menyentuh sesuatu dalam dirinya.

Apakah Yesus benar-benar ingin dia tinggal di tempat ini? Dalam kekacauan ini?

Dia tidak menjawab pesannya.

Sebaliknya, dia membuka Alkitabnya yang sudah lusuh dan berdoa:

"Yesus, apa yang akan Engkau lakukan… jika Engkau jadi aku?"

Dia tidak mendengar suara apa pun. Namun, matanya tertuju pada sebuah ayat yang pernah dibacanya, tetapi belum pernah *didengarnya* sebelumnya:

"Bahkan Anak Manusia datang bukan untuk dilayani, melainkan untuk melayani…"

Dia tahu apa yang akan Dia lakukan. Dia akan tinggal. Dia akan mencintai. Dia akan melayani — bukan karena mereka pantas mendapatkannya, tetapi karena *Dia* setia.

Joanna berdiri.

Dia memasak nasi untuk saudara-saudaranya. Mencuci pakaian ibunya. Dan malam itu, ketika ayahnya pulang dalam keadaan lelah dan lesu, dia memeluknya.

Itu tidak menyelesaikan segalanya. Namun, itu mengubahnya.

Joanna memilih untuk bertahan — tidak terjebak, tetapi *diutus* . Diutus oleh kasih. Diutus seperti Yesus.

Refleksi WWJD

Akankah Yesus meninggalkan orang-orang yang terluka — atau malah mengasihi mereka hingga mereka hidup kembali?

Afirmasi

"Saya tidak terjebak — saya dikirim oleh cinta, bahkan saat sulit."

Deklarasi Komitmen

Hari ini, saya memilih untuk mencintai orang-orang terdekat saya — meskipun itu hal yang tersulit untuk dilakukan.

Rencana Aksi

Tulislah catatan, buatlah makanan, atau sampaikan kata-kata baik kepada seseorang di keluarga Anda hari ini — tanpa menunggu ucapan terima kasih.

Doa

Yesus, terima kasih karena Engkau tidak meninggalkanku. Ajari aku untuk mencintai keluargaku seperti Engkau mencintaiku — dengan belas kasih, bukan dengan syarat. Bantu aku menjadi terang di tengah kekacauan. Berikan aku kekuatan untuk bertahan dan kasih karunia untuk melayani. Amin.

Entri Jurnal

- Kapankah aku ingin melarikan diri, bukannya bertahan?
- Apa yang akan Yesus lakukan dalam situasi keluarga saya saat ini?
- Siapa di rumahku yang saat ini lebih membutuhkan kasih sayang ketimbang koreksi?

Studi Kelompok / Pertanyaan Diskusi

1. Mengapa mencintai keluarga seringkali lebih sulit daripada mencintai orang asing?
2. Bagaimana cara menghormati orangtua yang memiliki banyak kekurangan?
3. Bagaimana kita bisa menjadi agen penyembuhan di rumah tangga kita sendiri?

Hari ke-28 – Saat Diam Terasa Lebih Aman

Kisah Indonesia: "Rizky dan Pertanyaan yang Tidak Diduga"

Fokus Kitab Suci

"Tetapi jikalau kamu menyangkal Aku di dunia ini, Aku pun akan menyangkal kamu di hadapan Bapa-Ku yang di surga."
— Matius 10:33 (TB)

Ceritanya

Rizky telah belajar sejak dini bahwa **mengikuti Yesus di Jakarta berarti berhati-hati** .

Ia dibesarkan dalam keluarga Kristen yang tidak menonjolkan diri di lingkungan yang mayoritas Muslim. Orang tuanya membisikkan doa sebelum makan. Mereka pergi ke gereja bawah tanah kecil yang berkumpul di belakang toko buku yang tutup pada hari Minggu. Bagaimana dengan Rizky? Ia tidak pernah membahas tentang agama di sekolah.

Bukan karena dia malu.
Karena dia takut.

Sampai suatu sore di kafetaria, ketika sahabatnya, **Adil** , mencondongkan tubuhnya selama percakapan tentang spiritualitas dan bertanya,

"Kau bukan... Christian, kan?"

Waktu membeku.

Mereka telah berteman selama bertahun-tahun. Bermain sepak bola bersama. Bekerja sama dalam proyek sains. Mereka tidak pernah berbicara tentang iman.

Rizky menelan ludah.
Ia memikirkan apa yang mungkin terjadi. Bagaimana reaksi Adil. Bagaimana orang lain akan memperlakukannya.

Dia tersenyum lemah. "Kenapa kau bertanya?"

Adil mengangkat bahu. "Kamu berbeda. Seperti... tenang. Damai. Dan ketika kami takut saat gempa bumi itu, kamu berkata, 'Yesus, tolong kami.'"

Rizky membeku. Ia lupa bahwa ia pernah mengatakan hal itu.

Ia menatap sahabatnya.
Lalu berbisik doa dalam hatinya: *Yesus, apa yang akan Kau lakukan?*

Jawabannya datang dengan lembut namun tegas: *Aku tidak akan menyangkal Bapa-Ku.*

Rizky mengangguk pelan. "Ya… aku seorang Kristen."

Adil tidak menjauh.
Ia mencondongkan tubuhnya lebih dekat.

"Bolehkah aku bertanya sesuatu? Apa yang kau yakini tentang Tuhan?"

Dan saat itu juga, dengan nada berbisik, sambil menyantap nasi dan sambal hangat, Rizky mengatakan yang sebenarnya kepada sahabatnya.

Tidak ada teriakan. Tidak ada khotbah. Hanya keberanian dan cinta yang tenang.

Refleksi WWJD

Akankah Yesus melindungi reputasi-Nya — atau mengungkapkan kebenaran dengan keberanian yang lembut?

Afirmasi

"Saya tidak akan menyembunyikan cahaya saya. Bahkan dalam hal-hal kecil, saya akan mencerminkan Yesus."

Deklarasi Komitmen

Hari ini, saya berkomitmen untuk memilih kebenaran daripada ketakutan — bahkan ketika itu sulit.

Rencana Aksi

Mintalah kepada Tuhan agar memberikan Anda satu waktu untuk merenungkan Yesus dalam sebuah percakapan — dan keberanian untuk mengambil langkah tersebut.

Doa

Yesus, terima kasih karena Engkau berani saat aku takut. Berilah aku keberanian untuk hidup bagi-Mu — bukan hanya di tempat yang aman, tetapi di tempat yang penting. Biarkan kata-kata dan tindakanku berbicara tentang kasih-Mu, bahkan dengan cara yang paling tenang. Amin.

Entri Jurnal

- Di mana saya memilih diam daripada berdiri untuk Yesus?
- Ketakutan apa yang menghalangiku membagikan imanku?
- Langkah berani kecil apa yang dapat saya ambil hari ini?

Studi Kelompok / Pertanyaan Diskusi

1. Mengapa begitu tergoda untuk tetap diam tentang iman?
2. Bagaimana kita menyeimbangkan hikmat dan keberanian saat berbagi tentang Yesus?
3. Apa artinya hidup sebagai cahaya yang tenang di tempat yang penuh tekanan?

Hari ke-29 – Saat Anda Tidak Merasa Cinta Lagi

Kisah Pernikahan: "Emmanuel dan Grace at the Edge"

Fokus Kitab Suci

"Kasih tidak pernah menyerah, tidak pernah kehilangan iman, selalu penuh harapan, dan bertahan dalam segala keadaan."
— 1 Korintus 13:7 (NLT)

Ceritanya

Emmanuel dan Grace telah menikah selama 11 tahun.

Dari luar, mereka tampak seperti pasangan Kristen teladan di Lagos.
Pria itu adalah seorang penatua gereja. Wanita itu memimpin persekutuan wanita. Mereka tersenyum di depan umum. Berpose bersama di Instagram. Duduk bersama dalam kebaktian.

Tapi di rumah? Mereka teman sekamar. Bukan pasangan.

Percakapan berlangsung singkat. Keakraban tidak ada.
Perdebatan terus berulang seperti piringan rusak.
Pelayanan bertumbuh. Namun cinta? Memudar.

Suatu Jumat malam, setelah putaran pertanyaan "Apakah kamu mendengarkan aku?" Grace duduk di lantai kamar tamu dan menangis.

"Aku tidak bisa melakukan ini lagi, Tuhan. Aku merasa tidak terlihat."

Di ruangan lain, Emmanuel menatap langit-langit dan berbisik,

"Yesus… apa yang akan Kau lakukan — jika Kau menikah denganku?"

Dia merasakan perihnya pertanyaan itu. Karena jawabannya sudah jelas.

Yesus tidak akan pergi begitu saja.
Yesus tidak akan menunjukkan kasih pada hari Minggu dan mengabaikannya pada hari Senin. Yesus akan *mengejar. Melayani. Memaafkan. Mencoba lagi.*

Akhir pekan itu, ia menelepon pendeta mereka. Mereka mulai konseling. Secara perlahan. Dengan canggung.

Itu bukan sihir. Itu sulit.

Grace terbuka tentang perasaannya yang tidak didengarkan. Emmanuel mengakui kesombongan dan kelelahannya. Mereka berpuasa bersama. Berdoa bersama. Duduk dalam keheningan tanpa bersikap defensif.

Dan suatu malam — setelah berminggu-minggu mencoba — mereka menertawakan sesuatu yang konyol yang dikatakan putra mereka.

Itu kecil. Tapi itu adalah awalnya.

Mereka ingat:
Cinta tak selalu berisik. Terkadang, cinta hanya soal memilih untuk bertahan.

Refleksi WWJD

Akankah Yesus menyerah pada perjanjian — atau melaksanakannya, bahkan ketika itu menyakitkan?

Afirmasi

"Saya memilih cinta — bukan hanya saat itu mudah, tapi saat itu nyata."

Deklarasi Komitmen

Hari ini, saya memilih untuk tetap mencintai — tidak hanya dalam perasaan, tetapi dalam tindakan.

Rencana Aksi

Lakukan satu hal hari ini untuk menunjukkan cinta kepada pasangan Anda (atau hubungan yang tegang): sepatah kata, satu makanan, satu pelukan, permintaan maaf yang tulus.

Doa

Yesus, terima kasih karena Engkau tidak meninggalkanku. Ajari aku untuk mengasihi seperti Engkau — dengan sabar, tekun, dan penuh pengorbanan. Sembuhkanlah ruang-ruang di hati dan rumah kami. Dan biarlah kisah kami mencerminkan kasih karunia-Mu. Amin.

Entri Jurnal

- Di mana aku menyerah secara emosional, meski aku bertahan secara fisik?
- Apa yang akan Yesus lakukan dalam pernikahan saya saat ini?
- Bagaimana cara membangun kembali kepercayaan dan kelembutan?

Studi Kelompok / Pertanyaan Diskusi

1. Mengapa banyak pernikahan Kristen mengalami kesulitan di balik pintu tertutup?
2. Seperti apakah "berjuang demi cinta" dalam konflik di dunia nyata?
3. Bagaimana kita dapat mendukung pasangan untuk menjalani penyembuhan tanpa rasa malu?

Hari ke-30 – Saat Anda Lelah dan Tidak Tahu Alasannya

Kisah Kesehatan Mental Generasi Z: "Zara dan Tekanan untuk Menjadi Baik-Baik Saja"

Fokus Kitab Suci

"Serahkanlah segala kekuatiranmu kepada-Nya, sebab Ia yang memelihara kamu."
— 1 Petrus 5:7 (NIV)

Ceritanya

Zara berusia 20 tahun.
Cerdas. Lucu. Kreatif. Dari luar, hidupnya tampak baik-baik saja — kuliah, kerja desain paruh waktu, obrolan grup yang aktif, dan Instagram yang memukau.

Namun di dalam? Dia kelelahan.

Setiap hari terasa seperti pertunjukan. Dia bangun dengan dada yang sesak. Menggulir TikTok sambil tersenyum — sambil tenggelam. Dia berkata "Aku baik-baik saja" begitu sering, bahkan dia mulai mempercayainya.

Sampai suatu malam, setelah melewatkan tenggat waktu tugas lainnya, dia terjatuh di tempat tidur asramanya dan berbisik,

"Tuhan… kalau Kau nyata… apa yang salah denganku?"

Tak ada guntur. Tak ada penglihatan. Hanya... keheningan.

Kemudian sebuah pengingat pelan dari sebuah ayat yang pernah dia dengar di gereja:

"Marilah kepada-Ku, semua yang letih lesu dan berbeban berat…"

Dia membuka aplikasi Alkitab yang sudah lama tidak disentuhnya. Membacanya perlahan.
Lalu mengajukan pertanyaan paling jujur yang pernah dia doakan:

"Yesus… apa yang akan Kau lakukan jika Kau merasa seperti ini?"

Jawabannya datang dengan lembut: *Saya akan beristirahat. Saya akan menangis. Saya akan datang kepada Bapa, bukan tampil untuk-Nya.*

Minggu itu, ia menghubungi seorang mentor.
Kemudian seorang konselor. Lalu kelompok kecilnya — sejujurnya.

Dia mengucapkan kata-kata itu dengan lantang: "Aku tidak baik-baik saja."
Dan untuk pertama kalinya, dia merasa dicintai *tanpa berpura-pura.*

Yesus tidak kecewa. Dia *hadir* .

Refleksi WWJD

Akankah Yesus berpura-pura baik-baik saja — atau meminta bantuan, berseru, dan beristirahat?

Afirmasi

"Saya tidak harus tampil untuk dicintai. Yesus melihat saya dan tinggal di sana."

Deklarasi Komitmen

Hari ini, aku berkomitmen untuk jujur terhadap diriku sendiri, terhadap orang lain, dan terhadap Tuhan.

Rencana Aksi

Bicaralah kepada seseorang yang Anda percaya tentang diri Anda *yang sebenarnya* . Mintalah doa, dukungan, atau bahkan bantuan profesional jika diperlukan.

Doa

Yesus, terima kasih karena aku tidak perlu menjadi kuat agar Engkau mencintaiku. Bantu aku untuk membawa kecemasanku kepada-Mu, bukan menyembunyikannya. Biarkan kedamaian-Mu menenangkan hatiku. Sembuhkan apa yang tidak dapat kuperbaiki sendiri. Amin.

Entri Jurnal

- Emosi apa yang selama ini saya sembunyikan dari Tuhan dan orang lain?
- Bagaimana perasaan Yesus terhadap kecemasan dan depresi saya?
- Seperti apakah rasanya berjalan bersama-Nya — bukan hanya untuk-Nya — hari ini?

Studi Kelompok / Pertanyaan Diskusi

1. Mengapa banyak anak muda merasa tertekan untuk selalu terlihat "baik-baik saja"?
2. Bagaimana kita dapat menciptakan ruang aman di gereja dan keluarga untuk percakapan kesehatan mental yang nyata?
3. Apa yang Yesus katakan kepada seseorang yang merasa cemas, mati rasa, atau kewalahan?

Hari ke-31 – Ketika Integritas Berdampak Buruk bagi Bisnis

Kisah Bisnis: "Adaora dan Pemungutan Suara Diam"

Fokus Kitab Suci

"Orang jujur dituntun oleh kejujurannya, tetapi orang yang tidak setia akan binasa karena tipu dayanya."
— Amsal 11:3 (NIV)

Ceritanya

Adaora duduk di ujung terjauh meja mahoni ruang rapat, jari-jarinya terkatup, mendengarkan.

Dia adalah direktur termuda di jajaran direksi sebuah perusahaan real estate multinasional yang berkantor pusat di London. Lahir di Lagos. Berpendidikan di Johannesburg dan New York. Cemerlang. Naik daun. Disegani.

Pembahasan yang dibahas hari ini sangat sensitif — pemungutan suara untuk menyetujui proyek menguntungkan di negara Afrika Barat. Keuntungan tinggi, minat investor besar... tetapi juga desas-desus tentang **penggusuran tanah** dan **suap "teknis"** untuk memperlancar hambatan regulasi.

Semua orang tahu apa yang sebenarnya terjadi.

Namun laporannya bersih. Keuntungannya besar. Tekanan untuk ikut serta? Sangat besar.

"Ada yang keberatan?" tanya sang ketua.

Adaora berdeham.
Semua mata menoleh.

Dia ragu-ragu. Lalu berbisik dalam hatinya:

Yesus… apa yang akan Kau lakukan, jika Kau duduk di kursiku?

Jawabannya tidak menggelegar. Namun langsung:
Kau akan berbicara. Bahkan jika itu mengorbankan segalanya.

Dia menarik napas dalam-dalam. Lalu berkata:

"Saya yakin proyek ini melanggar nilai-nilai kami. Saya memilih tidak."

Kesunyian.

Beberapa orang saling melirik. Seseorang sedang mengacak-acak kertas. Seorang mitra senior mengerutkan kening.

Pemungutan suara tetap disetujui.

Kemudian, seorang rekan kerja menariknya ke samping. "Kamu sadar bahwa itu akan membuatmu kehilangan promosi di masa depan?"

Dia mengangguk. "Mungkin. Tapi tidak dengan jiwaku."

Beberapa bulan kemudian, ketika laporan media memberitakan kisah pemindahan paksa yang tidak sah dan korupsi, ketua yang sama yang mengerutkan kening sekarang memanggilnya ke kantornya.

"Kau melakukan hal yang benar," katanya pelan. "Kau membantu kami menjaga nama baik kami."

Adaora tidak bersukacita. Dia hanya tersenyum.
Karena integritas tidak selalu menang dengan segera. Namun, integritas akan selalu bersinar — pada akhirnya.

Refleksi WWJD

Akankah Yesus melindungi keuntungan — atau melindungi orang-orang yang terkena dampaknya?

Afirmasi

"Saya tidak untuk dijual. Iman saya menentukan pilihan saya — bukan jenjang karier saya."

Deklarasi Komitmen

Hari ini, saya berkomitmen untuk memperjuangkan apa yang benar — bahkan jika itu mengorbankan kesuksesan saya.

Rencana Aksi

Periksa satu area di tempat kerja di mana Anda telah diam saat berada di bawah tekanan. Mintalah Tuhan agar Anda berani untuk mengatakan kebenaran dengan kasih.

Doa

Yesus, bantulah aku untuk hidup berdasarkan nilai-nilai-Mu — bukan ambisiku. Ajari aku untuk menghormati-Mu di ruang rapat, panggilan bisnis, dan di balik pintu tertutup. Biarkan kepemimpinanku memantulkan terang-Mu. Amin.

Entri Jurnal

- Di bagian mana dalam kehidupan profesional saya saya telah berkompromi — atau tergoda untuk berkompromi?
- Apa yang akan Yesus lakukan jika Dia membuat keputusan karier saya selanjutnya?
- Bagaimana saya dapat memimpin dengan integritas tanpa mengisolasi diri?

Studi Kelompok / Pertanyaan Diskusi

1. Seperti apa kesetiaan dalam bisnis atau kepemimpinan?
2. Bagaimana kita menanggapinya saat nilai-nilai kita menempatkan kita berseberangan dengan peluang?
3. Kebiasaan apa yang membantu kita menolak kompromi yang halus?

Hari ke-32 – Ketika Keluargamu Tidak Memahamimu

Kisah Konflik Orang Tua-Remaja: "Tolu dan Pintu di Antara Mereka"

Fokus Kitab Suci

"Hai ayah, janganlah kamu membuat anak-anakmu marah dengan caramu memperlakukan mereka, tetapi didiklah mereka dengan didikan dan petunjuk dari Tuhan."
— Efesus 6:4 (TB)

Ceritanya

Tolu berusia 16 tahun.
Kreatif. Penasaran. Badai pikiran dan emosi yang tenang.

Dia percaya kepada Yesus — dia sungguh-sungguh percaya — tetapi *tidak selalu seperti yang diyakini orang tuanya* .

Ayahnya adalah seorang diaken. Ibunya memimpin tim doa wanita. Aturan mereka jelas. Gereja tidak bisa ditawar. "Gadis baik" adalah lencana yang harus dikenakannya.

Namun Tolu punya pertanyaan.
Tentang sains. Tentang kasih karunia. Tentang neraka. Ia tidak mencoba memberontak — ia mencoba bernapas.

Pada suatu Jumat malam, setelah kebaktian keluarga yang menegangkan, dia akhirnya berkata:

"Mengapa saya tidak bisa bertanya tanpa diperlakukan seperti orang kerasukan?"

Ayahnya membanting Alkitabnya hingga tertutup rapat. "Iblis ingin membingungkanmu. Kita tidak akan membiarkan itu terjadi."

Tolu menyerbu ke kamarnya. Membanting pintu. Menangis di bantal.

Di seberang pintu, ayahnya duduk diam.

Ia berdoa — bukan hanya karena frustrasi, tetapi karena takut.

"Yesus… apa yang akan Kau lakukan terhadap anak yang terpeleset?"

Dia tidak mendengar suara apa pun. Hanya tarikan lembut: *Aku akan mendengarkan.*

Malam itu, dia mengetuk pintunya. "Tolu… aku ingin mengerti. Bisakah kita bicara — bukan sebagai pendeta dan anak, tetapi sebagai ayah dan anak?"

Dia membuka pintu perlahan-lahan, lengan disilangkan, hatinya sakit.

"Aku tidak ingin meninggalkan Yesus," bisiknya. "Aku juga tidak ingin kehilangan diriku sendiri."

Dia mengangguk. "Kalau begitu mari kita temukan Dia bersama — lagi."

Mereka tidak menyelesaikan semuanya malam itu.
Namun untuk pertama kalinya dalam beberapa bulan...
pintunya tetap terbuka.

Refleksi WWJD

Akankah Yesus menepis keraguan yang jujur — atau menjawab pertanyaan dengan kasih?

Afirmasi

"Pertanyaan-pertanyaan saya tidak mendiskualifikasi saya — Yesus berjalan bersama saya melalui pertanyaan-pertanyaan tersebut."

Deklarasi Komitmen

Hari ini, saya berkomitmen untuk mendengarkan tanpa menghakimi — dan mencintai tanpa rasa takut.

Rencana Aksi

Remaja: Jujurlah kepada Tuhan dan satu orang dewasa yang dapat dipercaya tentang apa yang sedang Anda perjuangkan. Orang tua: Ajukan pertanyaan kepada anak Anda — dan dengarkan baik-baik.

Doa

Yesus, terima kasih karena Engkau sabar menghadapi keraguanku dan orang-orang yang kukasihi. Bantu aku untuk lebih banyak mendengarkan, mengurangi kendali, dan menciptakan rumah di mana kasih karunia menuntun dan kasih menang. Amin.

Entri Jurnal

- Pertanyaan atau ketakutan apa yang saya pendam, tetapi saya takut untuk menyuarakannya?
- Apa yang akan Yesus katakan kepada saya sebagai remaja yang kebingungan — atau sebagai orang tua yang protektif?
- Bagaimana saya dapat membangun jembatan jika keheningan dan penghakiman telah membangun tembok?

Studi Kelompok / Pertanyaan Diskusi

1. Apa yang membuat komunikasi antara orang tua dan remaja menjadi sulit — bahkan di rumah Kristen?
2. Bagaimana kita dapat memisahkan kontrol dari perawatan?
3. Bagaimana jadinya jika kita menciptakan ruang aman untuk mengajukan pertanyaan dalam keluarga kita?

Hari ke-33 – Ketika Setiap Orang Memiliki Rencana untuk Hidup Anda

Kisah Panggilan: "Neema dan Mimpi yang Dikuburnya"

Fokus Kitab Suci

"Karena kita ini buatan Allah, yang diciptakan baru dalam Kristus Yesus,
supaya kita dapat melakukan pekerjaan baik, yang dipersiapkan-Nya dahulu bagi kita."
— Efesus 2:10 (TB)

Ceritanya

Neema selalu menjadi orang yang "bertanggung jawab".

Putri pertama. Lulusan perguruan tinggi pertama. Orang pertama di keluarganya di Tanzania yang memperoleh beasiswa untuk belajar hukum di Inggris.

Dia benci hukum.

Namun dia tidak pernah menceritakan hal itu kepada siapa pun.

Orangtuanya bekerja lembur, menjual tanah, berdoa sepanjang malam — hanya agar dia bisa duduk di ruang kuliah itu.

Tetapi setiap kali dia membuka berkas kasus, dia merasa seperti sedang mengamati kehidupan orang lain.

Apa yang benar-benar dia sukai? **Menulis.**
Dia menulis puisi dengan nama samaran di internet. Dia

ngeblog sampai larut malam. Dia bermimpi menceritakan kisah yang menyembuhkan orang.

Namun penulis tidak membayar tagihan — setidaknya, itulah yang dikatakan semua orang.

Suatu malam, setelah sesi belajar yang membosankan, Neema menjatuhkan catatannya, menatap langit-langit, dan bertanya:

"Yesus… apakah Engkau menciptakan aku untuk ini, atau aku hanya berakhir di sini?"

Jawabannya bukanlah jalur karier baru atau rencana keluar yang ilahi.
Jawabannya adalah bisikan dalam jiwanya:

Aku menciptakanmu dengan tujuan. Kamu tidak ada di sini secara kebetulan — dan suaramu penting.

Jadi dia melakukan sesuatu yang kecil. Berani.

Dia memulai sebuah blog.
Atas namanya sendiri. Tentang iman, kebingungan, mimpi, dan Yesus.

Dia masih belajar hukum. Namun, dia *menjadi bersemangat* saat menulis.

Suatu hari, seorang profesor mendekatinya.

"Saya membaca tulisan Anda. Itu pertama kalinya saya menangis dalam 20 tahun. Apakah Anda pernah berpikir untuk menulis penuh waktu?"

Itu bukanlah akhir dari ceritanya — tetapi merupakan awal dari **menjalani panggilannya** , bukan rencana orang lain.

Refleksi WWJD

Akankah Yesus membungkam panggilanmu untuk memenuhi harapan — atau berbisik, *"Ikutlah Aku"*?

Afirmasi

"Saya diciptakan bukan hanya untuk mendapat pengakuan — saya diciptakan dengan tujuan."

Deklarasi Komitmen

Hari ini, saya memilih untuk mengeksplorasi panggilan Tuhan, ketimbang tekanan manusia.

Rencana Aksi

Tuliskan apa yang membuat Anda hidup — lalu ambil satu langkah kecil ke arah itu minggu ini. Bagikan dengan seseorang yang mendukung perjalanan iman Anda.

Doa

Yesus, terima kasih karena aku bukanlah sebuah kesalahan. Berikanlah aku keberanian untuk mengejar karunia yang telah Kau tempatkan dalam diriku. Bebaskan aku dari rasa takut, dan bantulah aku berjalan di jalan-Mu — bukan jalan orang lain. Amin.

Entri Jurnal

- Mimpi apa yang telah saya kubur karena ketakutan atau tekanan?
- Apa yang membuat saya merasa paling hidup saat melakukannya — meski tak seorang pun bertepuk tangan?
- Apa yang mungkin Tuhan katakan tentang panggilan saya hari ini?

Studi Kelompok / Pertanyaan Diskusi

1. Kebohongan apa yang kita percayai tentang kesuksesan dan panggilan?
2. Bagaimana kita dapat saling mendukung dalam melangkah menuju tujuan sejati yang diberikan Tuhan?
3. Satu langkah apa yang perlu Anda ambil bulan ini untuk menemukan kembali panggilan Anda?

Hari ke-34 – Ketika Anda Lupa Alasan Anda Memulai

Kisah Identitas Kreatif: "Levi dan Lagu yang Berhenti Bernyanyi"

Fokus Kitab Suci

"Apapun juga yang kamu perbuat, perbuatlah dengan segenap hatimu seperti untuk Tuhan dan bukan untuk manusia."
— Kolose 3:23 (NIV)

Ceritanya

Levi adalah pemimpin penyembahan di sebuah gereja perkotaan yang berkembang pesat di Atlanta.

Ia menulis lagu. Memimpin acara-acara besar. Memiliki pengikut yang sedikit tetapi terus bertambah di Spotify. Ia mencintai Yesus — dan musik telah menjadi detak jantungnya sejak ia berusia enam tahun.

Namun akhir-akhir ini... panggungnya terasa berat.

Dia lebih sering menggulir Instagram daripada membaca Alkitab.
Membandingkan suaranya dengan suara orang lain. Merasa cemas sebelum hari Minggu, bertanya-tanya apakah orang-orang masih "merasakan urapan."

Suatu sore, setelah pemeriksaan suara, dia tinggal sendirian dan duduk di depan piano.

Dia tidak bernyanyi.
Dia tidak bermain musik.

Dia hanya menatap.

"Yesus… apa yang akan Kau lakukan jika panggung mengalahkan suara lagu itu?"

Jawabannya datang seperti desahan dalam jiwanya:

Saya akan turun dari panggung dan duduk di kaki Bapa.

Jadi Levi melakukan sesuatu yang radikal.

Dia beristirahat.

Bukan karena dia berhenti — tetapi karena dia ingin *mengingat.*

Dalam keheningan, ia menulis lagi. Bukan untuk keramaian. Bukan untuk metrik. Untuk Dia **yang memberinya lagu itu**
.

Beberapa minggu kemudian, ia bernyanyi lagi — bukan di atas panggung, tetapi di acara retret remaja. Tanpa lampu. Tanpa siaran langsung. Hanya 40 remaja dan sebuah gitar akustik.

Dan untuk pertama kalinya setelah sekian lama, ia kembali merasakan kedamaian.

Tekanannya memudar. Kehadirannya kembali.

Refleksi WWJD

Akankah Yesus tetap tampil untuk menyenangkan manusia — atau mundur untuk menyenangkan Bapa?

Afirmasi

"Bakatku bukan untuk tepuk tangan — melainkan untuk penyembahan."

Deklarasi Komitmen

Hari ini, saya lebih memilih kehadiran daripada kinerja. Saya kembali ke inti penyembahan.

Rencana Aksi

Berpuasalah dari promosi diri hari ini. Gunakan kreativitas Anda di tempat yang tenang dan sakral — hanya untuk Tuhan.

Doa

Yesus, terima kasih telah memberiku karunia. Ampunilah aku karena menggunakannya untuk mencari pengakuan, bukan penyembahan. Bawalah aku kembali ke tempat rahasia, di mana hanya ada aku dan Engkau. Di sanalah aku ingin bernyanyi lagi. Amin.

Entri Jurnal

- Di mana saja aku lebih banyak tampil daripada beribadah?
- Apa yang perlu saya tinggalkan untuk terhubung kembali dengan alasan saya memulai?
- Apa yang Yesus ingin saya ciptakan minggu ini — hanya untuk Dia?

Studi Kelompok / Pertanyaan Diskusi

1. Apa perbedaan antara tampil untuk Tuhan dan menyembah-Nya?
2. Bagaimana kaum kreatif dapat melawan godaan untuk membanding-bandingkan dan merasa jenuh?
3. Bagaimana kembali kepada Yesus memperbarui seni dan kegembiraan Anda?

Hari ke-35 – Ketika Diam Terasa Lebih Aman Daripada Berbicara

Kisah Keadilan: "Malik dan Aksi Protes yang Hampir Dia Lewatkan"

Fokus Kitab Suci

"Belajarlah melakukan yang benar, carilah keadilan, belalah orang yang tertindas, belalah hak anak yatim, belalah hak janda."
— Yesaya 1:17 (NIV)

Ceritanya

Malik dibesarkan di rumah Kristen di **Minneapolis** .

Ia tumbuh besar dengan mendengar tentang kasih karunia, kekudusan, kerendahan hati. Gerejanya bernyanyi tentang keadilan — tetapi sebagian besar dalam istilah yang samar-samar. Tidak ada yang terlalu kontroversial. Tidak ada yang mungkin memecah belah basis donor.

Namun ketika insiden kebrutalan polisi setempat mengguncang kotanya, dunia Malik berubah.

Sahabat karibnya — seorang pria pendiam bernama Devon — dihentikan, didorong, dan ditangkap tanpa alasan. Malik melihat kejadian itu.

Malam itu, media sosial meledak. Pawai pun dimulai. Teman-teman mengajak Malik untuk bergabung. Namun, para pemimpin gereja memperingatkan:

"Jangan berpolitik. Mari kita berdoa saja."

Dia berdoa.

Namun kata-katanya terasa datar.

Ia membuka Injil. Menyaksikan Yesus membalik meja, berdiri bersama orang-orang buangan, menantang kekuasaan yang korup — bukan dengan kekerasan, tetapi dengan *kehadiran* .

Dia berbisik:

"Yesus… apa yang akan Kau lakukan — jika Kau jadi aku saat ini?"

Jawabannya terdengar keras dalam jiwanya:

Aku akan berjalan. Aku akan berdiri. Aku akan menangis. Aku akan berbicara. Aku akan mencintai — dengan seluruh tubuhku.

Maka Malik mengikat tali sepatunya. Mengenakan gelang WWJD.
Bergabung dalam pawai damai. Memegang spanduk bertuliskan: **"Keadilan adalah cinta dalam tindakan."**

Sebuah media berita lokal mengambil fotonya. Sebagian memujinya. Sebagian lainnya mengkritiknya.

Tapi bukan itu intinya.

Dia tidak pergi untuk dilihat orang.
Dia pergi karena Yesus *melihat penderitaan* — dan selalu hadir.

Refleksi WWJD

Akankah Yesus tetap diam untuk menjaga perdamaian — atau mengatakan kebenaran yang menyembuhkan?

Afirmasi

"Saya tidak akan diam ketika cinta menuntut suara."

Deklarasi Komitmen

Hari ini, saya memilih untuk berjalan dalam keadilan — tidak hanya dalam kata-kata, tetapi dalam tindakan.

Rencana Aksi

Bicaralah untuk seseorang yang diperlakukan tidak adil hari ini — secara langsung, daring, atau dalam doa. Gunakan suara Anda dengan kebijaksanaan dan keberanian.

Doa

Yesus, Engkau telah memasuki sistem yang rusak dan membawa kebenaran kerajaan. Jadikanlah aku berani seperti-Mu — bukan marah, tetapi sadar. Biarkan imanku penuh dengan tindakan, belas kasihan, dan keadilan. Amin.

Entri Jurnal

- Ketidakadilan apa yang telah saya saksikan namun saya diam saja?
- Bagaimana Yesus ingin aku menanggapi penderitaan di sekitarku?
- Langkah berani apa yang dapat saya ambil minggu ini untuk menjadi suara-Nya?

Studi Kelompok / Pertanyaan Diskusi

1. Mengapa keadilan terkadang dianggap "terlalu politis" di lingkungan Kristen?
2. Bagaimana Yesus menunjukkan keadilan, belas kasihan, dan kebenaran?
3. Apa satu hal yang Tuhan panggil Anda untuk lebih Anda pedulikan?

Hari ke-36 – Ketika Kesembuhan Tak Kunjung Datang

Kisah Disabilitas: "Jonas dan Keajaiban yang Mirip dengan Penantian"

Fokus Kitab Suci

"Cukuplah kasih karunia-Ku bagimu, sebab justru dalam kelemahanlah kuasa-Ku menjadi sempurna."
— 2 Korintus 12:9 (NIV)

Ceritanya

Jonas telah berdoa untuk kesembuhan sejak dia berusia 8 tahun.

Terlahir dengan kondisi saraf degeneratif, ia belajar sejak dini untuk menggunakan kursi roda. Ia juga mengetahui bahwa **beberapa orang Kristen tidak tahu apa yang harus dilakukan terhadapnya.**

Sebagian mengatakan ia butuh lebih banyak iman. Sebagian lain mengabaikannya sama sekali. Sebagian besar menghindari mengajukan pertanyaan sulit.

Jonas tidak berhenti percaya kepada Tuhan. Namun pertanyaan itu **tidak pernah meninggalkannya** :

"Kenapa aku?"

Pada usia 22 tahun, ia menghadiri konferensi penyembuhan bersama teman-temannya. Pendeta itu menumpangkan tangan ke ratusan orang. Tongkat penyangga diturunkan. Seseorang berteriak, "Ia berjalan!"

Namun Jonas tidak berjalan.

Dia kembali ke tempat duduknya dan menatap kakinya yang tidak bergerak.

"Yesus… apa yang akan Kau lakukan, seandainya Kau jadi aku?"

Dan kali ini, alih-alih diam, Jonas merasakan sesuatu muncul di dalam dirinya:

Saya akan terus muncul. Saya akan tetap percaya. Dan saya akan tetap mencintai.

Malam itu, Jonas membagikan kesaksiannya — bukan tentang penyembuhan, tetapi tentang **sukacita dalam penantian** .
Ia berbicara tentang bagaimana Tuhan menemuinya dalam depresi. Bagaimana ia belajar bahwa tujuan hidup tidak terikat pada mobilitas yang sempurna. Ia tidak berjalan malam itu. Namun, dua orang menyerahkan hidup mereka kepada Yesus setelah ia berbicara.

Seorang berbisik:

"Saya sudah bertahun-tahun merasa getir karena kecacatan saya. Anda memberi saya harapan lagi."

Jonas tersenyum. Ia masih percaya Tuhan dapat menyembuhkannya.
Namun hingga saat itu tiba, ia akan menjadi mukjizat yang lain.

Refleksi WWJD

Akankah Yesus pergi saat penyembuhan tertunda — atau mengasihi sedalam-dalamnya saat penantian?

Afirmasi

"Saya tidak hancur — saya sangat dicintai, apa adanya."

Deklarasi Komitmen

Hari ini, saya memilih untuk percaya kepada Yesus — bukan hanya karena mukjizat itu, tetapi juga di tengah misteri itu.

Rencana Aksi

Jangkau seseorang dengan disabilitas yang terlihat maupun tidak terlihat. Tanyakan bagaimana Anda dapat mendukung, menyemangati, atau sekadar menemani mereka.

Doa

Yesus, terima kasih karena kesembuhan tidak menentukan kebaikan-Mu. Bantu aku untuk percaya kepada-Mu bahkan saat aku tidak melihat jawaban. Gunakan rasa sakitku sebagai platform untuk kasih-Mu. Biarkan hidupku utuh, bahkan jika tubuhku tidak. Amin.

Entri Jurnal

- Apakah saya menyamakan kasih Tuhan dengan kesembuhan atau kesuksesan saya?
- Bagaimana rasanya berjalan bersama Yesus meski dalam keterbatasan dan cacat?
- Bagaimana kisahku dapat memberi pencerahan bagi orang lain?

Studi Kelompok / Pertanyaan Diskusi

1. Mengapa kita sering menghubungkan kuasa Tuhan dengan penyembuhan fisik?
2. Bagaimana kita dapat lebih menghormati dan melibatkan mereka yang berkebutuhan khusus di gereja dan masyarakat kita?
3. Seperti apakah "keutuhan" dari sudut pandang surga?

Hari ke-37 – Ketika Tuhan Tidak Menjawab Seperti yang Anda Harapkan

Kisah Duka dan Kehilangan: "Amira dan Palungan Kosong"

Fokus Kitab Suci

"Sekalipun aku berjalan dalam lembah kekelaman, aku tidak takut bahaya, sebab Engkau besertaku."
— Mazmur 23:4 (NIV)

Ceritanya

Amira telah berdoa setiap kali USG.

Dia dan suaminya telah menunggu selama empat tahun untuk hamil.
Mereka berpuasa. Mengucapkan janji. Berdansa di gereja ketika hasil tesnya positif. Mereka bahkan memberi nama bayi perempuan mereka sebelum dia lahir — *Zoe* , yang berarti "hidup."

Namun suatu pagi di bulan kedelapannya, detak jantungnya berhenti.

Dokter bilang itu terjadi tiba-tiba.
Tak dapat dicegah. Langka.

Tak satu pun yang penting.

Dia pulang dengan bekas luka, kursi mobil kosong, dan keheningan yang memenuhi rumah seperti kabut.

Dia tidak bernyanyi lagi. Tidak pergi ke gereja.
Dia berhenti menulis jurnal.
Dia bahkan berhenti berdoa — sampai suatu malam, saat duduk di kamar bayi Zoe yang belum selesai, dia berbisik,

"Yesus… dimanakah Engkau?"

Dan untuk pertama kalinya dalam beberapa minggu, dia merasakannya.
Bukan jawaban. Sebuah kehadiran.

Dia menangis sampai paru-parunya sakit.
Lalu dia bertanya:

"Apa yang akan kamu lakukan… jika kamu adalah orang yang menahan rasa sakit ini?"

Dia membayangkan Yesus di makam Lazarus — menangis.
Tidak berkhotbah. Tidak menjelaskan. Hanya menangis.

Dan pada saat itu, dia tahu:

Dia tidak menjauh dari kesedihannya. Dia justru memasukinya.

Amira tidak menemukan penyelesaian malam itu.
Namun, ia menemukan tangan dalam kegelapan.

Dia sekarang memimpin kelompok pendukung kecil untuk para ibu yang sedang berduka.
Dia tidak menawarkan klise. Dia menawarkan air mata dan harapan.

Karena meskipun palungan itu kosong, Yesus tetap penuh kasih.

Refleksi WWJD

Akankah Yesus memberikan jawaban — atau memberikan diriNya sendiri?

Afirmasi

"Rasa sakitku bukanlah hukuman. Kesedihanku tidak terlupakan."

Deklarasi Komitmen

Hari ini, saya memilih untuk membawa pertanyaan saya yang belum terjawab ke hadirat Tuhan yang setia.

Rencana Aksi

Jangkau seseorang yang sedang berduka — jangan menawarkan solusi. Tawarkan kehadiran, kasih sayang, dan cinta.

Doa

Yesus, terima kasih karena Engkau tidak perlu memperbaiki segalanya agar tetap dekat. Aku mengundang-Mu ke dalam kesedihanku. Berjalanlah bersamaku melalui apa yang tidak kumengerti. Jadilah penghiburku. Jadilah jangkarku. Jadilah cukup. Amin.

Entri Jurnal

- Kehilangan apakah yang telah saya perjuangkan untuk didamaikan dengan kebaikan Tuhan?
- Bagaimana rasanya berduka bersama Tuhan — bukan terpisah dari-Nya?
- Di manakah Yesus yang dengan lembut duduk bersamaku saat ini?

Studi Kelompok / Pertanyaan Diskusi

1. Mengapa kesedihan merupakan topik yang sulit dibicarakan bagi banyak orang Kristen?
2. Apa bedanya antara jawaban dan kenyamanan?
3. Bagaimana kita bisa menjadi tempat yang aman bagi mereka yang mengalami kehilangan?

Hari ke-38 – Ketika Gulungan Tak Pernah Memuaskan

Kisah Media Sosial & Identitas: "Kayla dan Filter yang Tidak Dapat Dia Ikuti"

Fokus Kitab Suci

"Janganlah kamu meniru kebiasaan dan adat istiadat dunia ini, tetapi biarlah Allah mengubah kamu menjadi manusia baru dengan mengubah cara berpikirmu."
— Roma 12:2 (NLT)

Ceritanya

Kayla selalu online.

Dia tidak berusaha menjadi viral — hanya berusaha agar tidak merasa tidak terlihat.

Postingannya bersih. Foto selfie sambil tersenyum, ayat-ayat Alkitab yang halus, cuplikan video yang inspiratif. Orang-orang mengatakan dia percaya diri, memberi semangat, dan cantik.

Tetapi Kayla tidak merasa cantik.

Dia memfilter wajahnya, mengedit pinggangnya, menghapus apa pun yang kurang dari 100 like.
Dia menghabiskan waktu berjam-jam untuk membandingkan.
Orang lain selalu lebih populer, lebih spiritual, lebih... sempurna.

Keadaan makin buruk di malam hari.

Dia menggulir layar alih-alih tidur, sambil membisikkan doa seperti,

"Ya Tuhan… mengapa aku merasa hampa dengan begitu banyak pengikut?"

Lalu pada suatu malam, setelah mengunggah cuplikan baru yang hampir tidak sampai ke siapa pun, dia menatap layarnya dan akhirnya mengajukan pertanyaan yang lebih sulit:

"Yesus… apa yang akan Engkau lakukan jika Engkau jadi aku?"

Jawabannya tenang namun jelas:

Saya akan menjauh dari kebisingan dan duduk bersama Bapa.

Jadi Kayla melakukan sesuatu yang terasa radikal di dunianya:

Dia keluar. Selama satu minggu.
Tidak ada postingan. Tidak ada pengguliran. Hanya kehidupan nyata.

Awalnya dia merasa aneh.
Tapi kemudian... bebas.

Dia menulis jurnal lagi. Berbicara kepada Tuhan dalam kalimat lengkap. Berjalan-jalan tanpa mendokumentasikannya.
Dia ingat siapa dirinya — dan *milik siapa* dia.

Ketika dia kembali online, dia tidak berusaha untuk membuat orang terkesan.
Dia hanya membagikan foto wajahnya yang polos dan menulis:

"Penyembuhan tidak selalu terlihat indah — tetapi Yesus tetap menyebutnya indah."

Postingan itu?
Yang paling jujur. Yang paling membebaskan. Dan yang paling menarik — karena kali ini, dia tidak berusaha untuk disukai. Dia bersikap **nyata** .

Refleksi WWJD

Akankah Yesus mengejar persetujuan — atau beristirahat dalam identitas?

Afirmasi

"Saya dilihat oleh Tuhan — saya tidak butuh dunia untuk memvalidasi saya."

Deklarasi Komitmen

Hari ini, saya memilih keaslian daripada persetujuan. Saya milik Yesus — tanpa filter.

Rencana Aksi

Beristirahatlah sejenak selama 24 jam. Tanyakan kepada Tuhan apa yang ingin Dia katakan dalam keheningan.

Doa

Yesus, ajari aku untuk lebih sering masuk ke hadirat-Mu daripada ke feed-ku. Sembuhkan tempat-tempat yang membuatku merasa kurang. Ingatkan aku bahwa aku sudah dikasihi — tanpa filter. Biarkan hidupku mencerminkan kebenaran-Mu. Amin.

Entri Jurnal

- Emosi atau perbandingan apa yang muncul saat saya daring?
- Bagaimana jadinya jika saya menemukan jati diri saya dalam Yesus dan bukan dalam media sosial?
- Bagaimana Yesus mendefinisikan keindahan, nilai, dan harga?

Studi Kelompok / Pertanyaan Diskusi

1. Bagaimana kita dapat menggunakan media sosial tanpa membiarkannya mendefinisikan kita?
2. Seperti apa batasan atau ruang digital di dunia saat ini?
3. Bagaimana kita dapat mendorong orang percaya yang lebih muda untuk memeluk identitas yang diberikan Tuhan?

Hari ke-39 – Ketika Gereja Menghancurkan Hatimu

Kisah Gereja yang Terluka dan Dirusak: "Nuh dan Tuhan yang Tetap Tinggal"

Fokus Kitab Suci

"Marilah kepada-Ku, semua yang letih lesu dan berbeban berat, Aku akan memberikan kelegaan kepadamu."
— Matius 11:28 (NIV)

Ceritanya

Noah tidak pergi ke gereja selama dua tahun.

Dulu dia memimpin ibadah.
Dulu suka kelompok kecil. Dulu percaya gereja adalah tempat yang aman.

Sampai hal itu tidak terjadi lagi.

Ketika pendeta menutupi pelecehan untuk "melindungi pelayanan," segala sesuatu dalam diri Noah hancur.
Ia melihat di balik tirai — dan itu tidaklah suci. Teman-teman menyuruhnya untuk memaafkan dan melupakannya. Namun hatinya masih berdarah.

Ia mencoba gereja lain. Duduk di barisan belakang. Pergi sebelum lagu terakhir.
Namun, kemarahan lama itu muncul kembali setiap kali.

"Bagaimana mungkin Tuhan membiarkan umat-Nya menyakiti begitu banyak orang?"

Suatu malam, ketika sedang menggulir podcast lain tentang "dekonstruksi iman," Noah berhenti sejenak.
Ia berbisik,

"Yesus… apakah Engkau nyata — atau mereka hanya berpura-pura?"

Ruangan itu tetap hening.
Namun, Nuh merasakan sesuatu yang tak terduga:
Kasih sayang. Bukan kutukan.

Dia mengambil Alkitab yang sudah berbulan-bulan tidak dibukanya dan membuka Yohanes 6 — di mana Yesus bertanya kepada murid-murid-Nya apakah mereka juga akan pergi. Petrus menjawab:

"Tuhan, kepada siapakah kami akan pergi? Engkau memiliki firman kehidupan kekal."

Nuh hancur.
Bukan karena ia menemukan semua jawaban — tetapi karena Yesus tidak pernah pergi.

Dia menyadari:

Yesus tidak mengkhianati saya. Orang-orang yang melakukannya.
Dan Dia tetap layak untuk diikuti.

Nuh terkadang masih berjuang.
Namun kini ia bertemu setiap minggu dengan beberapa orang lain yang juga pernah terluka — bukan untuk mencela gereja, tetapi untuk menemukan Yesus bersama-sama.

Refleksi WWJD

Akankah Yesus mempermalukan keraguan Anda — atau duduk dalam penderitaan Anda dan dengan lembut menuntun Anda kembali kepada-Nya?

Afirmasi

"Iman saya tidak bergantung pada manusia — iman saya berakar pada Kristus, yang tidak pernah gagal."

Deklarasi Komitmen

Hari ini, aku memilih berjalan menuju Yesus — meski aku tertatih-tatih.

Rencana Aksi

Tulislah surat kepada Yesus — bukan gereja — dan katakan kepadanya dengan jujur apa yang Anda rasakan. Kemudian mintalah Dia untuk membantu Anda memulai penyembuhan.

Doa

Yesus, aku telah terluka oleh orang-orang yang mengaku nama-Mu. Aku telah mempertanyakan apakah Engkau nyata. Namun di sinilah aku — masih berharap. Masih berusaha. Temui aku dalam keraguanku. Sembuhkan apa yang telah dirusak orang. Dan bawalah aku kembali ke hati-Mu. Amin.

Entri Jurnal

- Bagian manakah dari kekecewaanku yang salah ditujukan pada Tuhan dan bukannya pada manusia?
- Seperti apa rasanya terhubung kembali dengan Yesus di luar penampilan atau rasa sakit?
- Bagaimana saya dapat menemukan tempat yang aman untuk penyembuhan spiritual?

Studi Kelompok / Pertanyaan Diskusi

1. Mengapa penting untuk memisahkan karakter Kristus dari kegagalan orang Kristen?
2. Bagaimana kita dapat mendukung mereka yang menjalani dekonstruksi tanpa rasa malu?
3. Seperti apa membangun kembali iman dengan cara yang sehat dan jujur?

Hari ke-40 – Bagaimana Jika Kita Semua Benar-Benar Melakukan Apa yang Yesus Lakukan?

Tantangan Penugasan Global Terakhir: "Gerakan Dimulai dari Saya"

Fokus Kitab Suci

"Barangsiapa mengatakan, bahwa ia ada di dalam Dia, ia harus hidup sama seperti Yesus telah hidup."
— 1 Yohanes 2:6 (NIV)

Ceritanya

Kisah-kisah datang dari mana-mana.

Dari gedung-gedung tinggi di Hong Kong hingga jalanan berdebu di Nigeria.
Dari dapur Kairo hingga protes di New York. Dari kelompok pemuda di Afrika Selatan hingga tenda-tenda pengungsi di Sudan. Mereka mengajukan pertanyaan yang sama, berulang kali:

"Apa yang akan Yesus lakukan… jika Dia jadi aku?"

Bagaimana jika kita semua **menjawab pertanyaan itu** — tidak hanya sekali, tetapi setiap hari?

Bagaimana jika kita membiarkan pertanyaan itu masuk ke dalam:

- **Rumah** — di mana pengampunan menggantikan sikap diam?
- **Ponsel** — di mana integritas mengatur umpan kita?

- **Gereja** — tempat yang terluka disambut, bukan diabaikan?
- **Kantor** — di mana keuntungan tunduk pada kebenaran?
- **Pikiran** — di mana kecemasan bertemu dengan kedamaian hadirat-Nya?
- **Kota** — tempat keadilan, kasih sayang, dan Injil berjalan beriringan?

Karena Yesus bukanlah sebuah teori.
Bukan sebuah tagar. Bukan sebuah stiker. Dia adalah sebuah cara hidup.

Dan sekarang pertanyaanya menjadi:

"Apa yang akan *kamu* lakukan — karena Yesus hidup di dalam *dirimu* ?"

Pergerakan ini bukanlah tren. Ini adalah transformasi.
Dan dimulai dengan satu kata: **ya** .

Ya untuk kebenaran.
Ya untuk kasih. Ya untuk keberanian. Ya untuk salib. Ya untuk berjalan **mengikuti jejak-Nya** — ke mana pun jejak itu menuntun.

Refleksi WWJD

Akankah Yesus tetap aman — atau mengutus Anda sebagai terang ke dalam kegelapan?

Afirmasi

"Saya akan hidup, mencintai, berbicara, dan memimpin seperti Yesus — berapa pun biayanya."

Deklarasi Komitmen

Hari ini, saya berkata **ya** untuk berjalan mengikuti jejak-Nya — mulai hari ini dan seterusnya.

Rencana Aksi

Tinjau kembali satu kisah dari perjalanan 40 hari ini. Tanyakan kepada Tuhan ke mana Anda masih perlu melangkah. Tulis rencana tindakan WWJD pribadi Anda untuk 30 hari ke depan — dan lakukanlah.

Doa

Yesus, Engkau telah berjalan bersamaku selama 40 hari ini. Sekarang utuslah aku — penuh kasih, kebenaran, keberanian, dan kasih karunia. Bantulah aku untuk menjalani dengan lantang apa yang telah Engkau bisikkan secara pribadi. Biarkan aku menjadi tangan, suara, dan terang-Mu — di sini, saat ini juga. Amin.

Entri Jurnal

- Apa yang berubah dalam diriku selama 40 hari terakhir?
- Ke mana Yesus memintaku pergi dari sini?

- Seperti apakah jadinya jika saya benar-benar menjalani hidup setiap hari dengan bertanya, "Apa yang akan Yesus lakukan?"

Studi Kelompok / Diskusi Akhir

1. Momen mana dari renungan ini yang paling berdampak bagi Anda?
2. Cerita apa yang mencerminkan musim kehidupan Anda saat ini?
3. Bagaimana Anda dapat membawa tantangan ini ke komunitas, tim, atau gereja Anda?

WWJD Dimulai Sekarang

Anda telah menyelesaikan tantangan 40 hari — tetapi perjalanan sesungguhnya baru saja dimulai.

Mulai sekarang, jadikanlah lagu ini sebagai lagu kebangsaanmu:

"Saya tidak akan puas dengan agama Kristen yang nyaman.
Saya akan hidup seperti Yesus — dan dunia akan merasakan perbedaannya."

Kesimpulan: Ini Baru Permulaan

Anda telah menjalani 40 hari penuh kisah, pergumulan, doa, dan pertanyaan yang kuat — bukan hanya tentang apa yang akan *Yesus* lakukan, tetapi apa yang sekarang **Anda** dipanggil untuk lakukan karena Dia hidup di dalam Anda.

Kau menangis bersama mereka yang patah.
Berdiri bersama mereka yang berani. Duduk bersama mereka yang bingung. Dan membisikkan doa melalui rasa sakit dan pujian.

Namun ini bukanlah akhir.

Inilah awal dari cara hidup baru — di mana **bertanya "Apa yang akan Yesus lakukan?" menjadi ritme harian** , bukan sekadar momen refleksi.

Anda bukan hanya seorang pembaca.
Anda adalah seorang saksi. Anda bukan hanya terinspirasi.
Anda *dipanggil* .
Bukan untuk meniru jalan orang lain — tetapi untuk **berjalan mengikuti jejak-Nya** , ke mana pun jejak itu menuntun.

Dan mereka akan menuntunmu:

- Ke tempat-tempat yang tidak nyaman — di mana cinta berbicara lebih keras daripada rasa takut.
- Ke dalam rumah tangga yang hancur — di mana penyembuhan mengalir melalui kerendahan hati.
- Ke ruang rapat perusahaan — tempat integritas menjunjung tinggi.
- Ke dalam budaya anak muda dan ruang daring — tempat cahaya menembus kabut.
- Ke dalam hatimu sendiri — di mana Yesus masih berbisik, "Ikutlah Aku."

Dia tidak menjanjikan kemudahan.
Namun Dia menjanjikan **kehadiran** .
Dia menjanjikan **kekuatan** .
Dan Dia menjanjikan bahwa "ya" Anda akan bergema sepanjang kekekalan.

Jadi jangan berhenti di sini.

Teruslah bertanya.
Teruslah mengikuti. Teruslah hidup seperti yang Dia lakukan — dalam keberanian, dalam kasih sayang, dalam kebenaran, dan dalam iman.

Karena dunia tidak berubah karena informasi.
Dunia berubah karena **transformasi** .

Dan itu dimulai dengan satu keputusan radikal:

Saya akan hidup seperti Yesus — meskipun tidak ada orang lain yang melakukannya.

Anda telah menjawab pertanyaannya.
Sekarang, jalani jawabannya.

Langkah Terbesar — Mengatakan Ya kepada Yesus

Cara Dilahirkan Kembali dan Memulai Hidup Baru Bersama Kristus

Mungkin Anda pernah berjalan bersama Yesus sebelumnya, atau mungkin Anda baru saja bertemu dengan-Nya selama 40 hari ini. Namun saat ini, ada sesuatu di dalam diri Anda yang sedang bergejolak.

Anda siap untuk lebih dari sekadar agama.
Anda siap untuk **hubungan** .
Anda siap untuk berkata, "Yesus, aku membutuhkan-Mu."

Inilah kebenarannya:

"Karena semua orang telah berbuat dosa, dan kita semua telah kehilangan standar kemuliaan Allah… namun Allah, dalam kasih karunia-Nya, dengan cuma-cuma membenarkan kita di hadapan-Nya."
— Roma 3:23–24 (NLT)

Anda tidak dapat memperoleh keselamatan.
Anda tidak dapat memperbaiki diri sendiri. Namun, Yesus telah membayar lunas harga yang telah ditetapkan — dan Dia menunggu untuk menyambut Anda pulang.

Cara Dilahirkan Kembali

Dilahirkan kembali berarti menyerahkan hidup Anda kepada Yesus — menerima pengampunan-Nya, percaya bahwa Dia mati dan bangkit kembali, dan menerima Dia sebagai Tuhan dan Juru Selamat Anda.

Sederhana, hebat, dan mengubah segalanya.

Doakan ini dengan suara keras:

**"Tuhan Yesus, aku percaya Engkau adalah Anak Allah.
Aku percaya Engkau mati untuk dosa-dosaku dan bangkit kembali.
Aku mengaku bahwa aku telah berdosa dan aku membutuhkan pengampunan-Mu.
Hari ini, aku bertobat dan berbalik dari jalan hidupku yang lama.
Aku mengundang-Mu ke dalam hidupku untuk menjadi Tuhan dan Juruselamatku.
Bersihkanlah aku. Penuhi aku dengan Roh-Mu.
Aku menyatakan bahwa aku telah dilahirkan kembali, diampuni, dan bebas.
Mulai hari ini dan seterusnya, aku akan mengikuti-Mu —**

**dan aku akan hidup mengikuti jejak-Mu.
Terima kasih telah menyelamatkanku. Dalam nama Yesus, amin."**

Langkah Berikutnya Setelah Keselamatan

1. **Beritahu Seseorang** – Bagikan keputusan Anda dengan orang yang Anda percaya.
2. **Temukan Gereja Berbasis Alkitab** – Bergabunglah dengan komunitas yang mengajarkan Firman Tuhan dan mengamalkannya. Kunjungi pelayanan God's Eagle secara online melalui https://www.otakada.org atau https://chat.whatsapp.com/H67spSun32DDTma8TLh0ov

3. **Dibaptis** – Ambil langkah berikutnya di depan umum untuk menyatakan iman Anda.
4. **Bacalah Alkitab Setiap Hari** – Mulailah dengan Injil Yohanes.
5. **Berdoa Setiap Hari** – Berbicara kepada Tuhan sebagai seorang sahabat dan Bapa.
6. **Tetap Terhubung** – Kelilingi diri Anda dengan orang-orang yang mendukung langkah baru Anda.

Momen Keselamatan Saya

Tanggal : ______________________

Tanda tangan : ___________________

"Jadi siapa yang ada di dalam Kristus, ia adalah ciptaan baru: yang lama sudah berlalu, sesungguhnya yang baru sudah datang!"
— 2 Korintus 5:17

Sertifikat Hidup Baru dalam Kristus

Deklarasi Keselamatan – Dilahirkan Kembali oleh Kasih Karunia

Ini menyatakan bahwa

Bahasa Indonesia:

____

(Nama Lengkap)

telah menyatakan **iman kepada Yesus Kristus**
sebagai Tuhan dan Juru Selamat dan telah menerima anugerah keselamatan cuma-cuma melalui kematian dan kebangkitan-Nya.

"Jika kamu mengaku dengan terus terang, bahwa Yesus adalah Tuhan, dan percaya dalam hatimu, bahwa Allah telah membangkitkan Dia dari antara orang mati, maka kamu akan diselamatkan."
— Roma 10:9 (TB)

Pada hari ini, surga bergembira dan perjalanan baru dimulai.

Tanggal Keputusan :

____

Tanda tangan :

____

Deklarasi Keselamatan

"Hari ini, saya menyerahkan hidup saya kepada Yesus Kristus. Saya percaya Dia mati untuk dosa-dosa saya dan bangkit kembali. Saya menerima Dia sebagai Tuhan dan Juruselamat saya. Saya diampuni, dilahirkan kembali, dan diperbarui. Mulai saat ini dan seterusnya, saya akan mengikuti jejak langkah-Nya."

Selamat datang di Keluarga Tuhan!

Namamu tertulis di Kitab Kehidupan Anak Domba.
Kisahmu baru saja dimulai — dan itu abadi.

Buku lain yang diterbitkan oleh penulis

Dicintai, Dipilih dan Utuh: Perjalanan 30 Hari dari Penolakan hingga Pemulihan diterjemahkan ke dalam 40 bahasa di dunia

https://www.amazon.com/Loved-Chosen-Whole-Rejection-Restoration-ebook/dp/B0F9VSD8WL

Buku-buku lainnya dapat ditemukan di halaman penulis
https://www.amazon.com/stores/Ambassador-Monday-O.-Ogbe/author/B07MSBPFNX

www.ingramcontent.com/pod-product-compliance
Lightning Source LLC
LaVergne TN
LVHW010928051026
849532LV00003B/883